《优化营商环境：理论·实践·案例·评价》课题组

负 责 人　谢晓波　浙江省发展改革委 原副主任、一级巡视员
　　　　　　　　　　浙江省经济信息中心 首席专家

主要成员　王宁江　浙江省经济信息中心 党委委员、副主任

　　　　　　冯　锐　浙江省经济信息中心开放发展与营商环境部 主任

　　　　　　郑　怡　浙江省经济信息中心开放发展与营商环境部 副主任

　　　　　　刘淑颖　浙江省经济信息中心开放发展与营商环境部 经济师

　　　　　　经博源　浙江省经济信息中心开放发展与营商环境部 经济师

　　　　　　庄跃成　浙江省经济信息中心开放发展与营商环境部 经济师

　　　　　　朱思橙　浙江省经济信息中心开放发展与营商环境部 经济师

　　　　　　陈　硕　浙江省经济信息中心开放发展与营商环境部 经济师

OPTIMIZING
BUSINESS ENVIRONMENT
THEORY | PRACTICE | CASES | ASSESSMENT

优化营商环境

理论·实践·案例·评价

谢晓波　王宁江　冯　锐 / 等著

浙江人民出版社

图书在版编目（CIP）数据

优化营商环境：理论·实践·案例·评价 / 谢晓波
等著． -- 杭州 ：浙江人民出版社， 2024. 10. -- ISBN
978-7-213-11693-3

Ⅰ．F832.48

中国国家版本馆CIP数据核字第2024VX3426号

优化营商环境：理论·实践·案例·评价

谢晓波　王宁江　冯　锐　等著

出版发行	浙江人民出版社（杭州市环城北路177号　邮编　310006）
	市场部电话:(0571)85061682　85176516
责任编辑	沈敏一
助理编辑	林欣妍
责任校对	杨　帆
责任印务	程　琳
封面设计	厉　琳
电脑制版	杭州兴邦电子印务有限公司
印　　刷	杭州富春印务有限公司
开　　本	710毫米×1000毫米　1/16
印　　张	17.75
字　　数	200千字
插　　页	2
版　　次	2024年10月第1版
印　　次	2024年10月第1次印刷
书　　号	ISBN 978-7-213-11693-3
定　　价	96.00元

如发现印装质量问题,影响阅读,请与市场部联系调换。

专家推荐

RECOMMENDATIONS

　　《优化营商环境：理论·实践·案例·评价》一书付梓之前，我先读为快，收获良多。经过40多年坚持不懈奋斗，浙江从一个资源小省成为经济大省，此书总结揭示了其中极为重要的一条经验，就是靠着各级政府树立起强烈的服务意识，对营商环境进行持续优化，使各类经营主体能够在市场经济的活水中畅游无阻、做大做强。而且浙江优化营商环境工作极具特色，形成了许多可供分享的实践做法。本人曾经负责国家电子政务外网管理工作，知道浙江政务服务平台集成服务可以说是做到了全国最强，近来浙江又开展了利用政务服务平台为企业增值赋能的创新性探索，特别具有示范意义。本书提炼总结了浙江优化营商环境的经验和案例，既立足我国国情，又具有全球视野，通过背景分析和理论、实践、案例、评价等多方面的深入探讨，提出了不少有启发性的观点，对不同读者研究学习都会大有裨益。书以载道，相信此书一定能够得到大家的认可和好评。

——刘宇南

国家信息中心原党委书记、主任，国家政务外网管理中心原主任

◇◆◇◆◇

　　优化营商环境是促进高质量发展的关键。本书理论与实践并重，案例丰富，对营商环境评价体系作了积极探索，为优化营商环境提供了重要参考和实用指南。

——吴晓波

浙江大学教授，浙江大学社会科学部主任，浙江省特级专家

道莫盛于趋时。谢晓波博士领衔写作的《优化营商环境：理论·实践·案例·评价》一书，回应了现时代经济与社会运行中高端要素吸引力、市场资源配置力、各类主体创新力、区域国际竞争力的环境塑就与价值取向。尤其可贵的是，在古今中西有关营商环境的学术梳理中达致理论与实践的精妙融通，呈现理性与事功的统一，展示优化营商环境的浙江省域特色和中国自主学术话语体系建构。

该书紧扣营商环境的时代议题，依托理论反思、政策梳理、案例分析、评价体系等研究方式，综合考量营商环境的基本要素、核心要义、工作机制、治理创新、数字转型等领域的现实问题与完善路径，为规范和优化政府、市场、企业职能发挥提供了前沿性、前瞻性、独创性的理论指引与实践参照。

——陈寿灿

浙江工商大学原校长，浙商研究院（中国华商研究院）院长，教授，博士生导师

营造市场化、法治化、国际化一流营商环境是建设高水平社会主义市场经济体制的重要组成部分。谢晓波博士曾经担任浙江省发展改革委副主任，分管政策法规和数字化改革等工作，他率领的课题团队不仅总结提炼浙江通过"无感监测"进行营商环境评价以及数字营商等创新性做法，而且尝试建构既体现国际通行做法，又具中国特色的综合评价体系。《优化营商环境：理论·实践·案例·评价》一书的出版表明，在营商环境这一政府竞争的重要场域，浙江经验有望成为"有为政府""有效市场"相结合的中国特色营商治理方案，为全国乃至世界优化营商环境贡献力量。

——郁建兴

浙江工商大学党委书记，教育部长江学者特聘教授

中国40余年改革开放的要义，是调整、优化生产关系进而推进生产力发展。一流的营商环境就是"好的"生产关系。本书从中国到浙江，从理论到实践，对营商环境建设内在逻辑的梳理总结清晰而深刻。

——胡宏伟

财经作家，高级记者，澎湃新闻生态内容管委会副主席，
浙商总会新媒体委员会执行主席，浙商研究会执行会长

◇◆◇◆◇

要读懂过去、现在和将来的营商环境发展逻辑，学者也好，官员也好，都可以常备这本专著。这本书的作者谢晓波博士等用朴实直叙的语言比较分析了主要市场经济国家和我国营商环境建设的路径异同，回溯了商周以来中国商业规则变迁，以及到目前为止社会主义现代化营商环境体系演进，既有前沿的营商环境理论，也有大量优秀的实践案例，更有可操作性的政策建议和营商环境评价指标体系。这本著作既内涵中西对话又纵观古今，研究与实践总结系统、全面、深刻，可读性强，是一本优秀的营商环境研究专著。我想该书一定会对学术界的研究者和政府部门的实践者有很大启发和参考价值。

——胡税根

浙江大学教授，博士生导师，浙江大学公共服务与营商环境评价研究中心主任

◇◆◇◆◇

党的二十届三中全会《决定》再次强调"营造市场化、法治化、国际化一流营商环境"，并作出新的部署，在新的历史起点发出了将优化营商环境进一步引向深入的动员令。在此背景下推出的《优化营商环境：理论·实践·案例·评价》一书，在先行研究之基础上，对国内外优化营商环境的理念和具体实践进行了系统梳理和提炼，并从理论层面深入探讨了

营商环境的内涵和本质要求，对新时代优化营商环境的理论创新作出了学术推进。结合浙江省实施营商环境优化提升"一号改革工程"的生动应用场景，从市场化、法治化、国际化、数字化等维度系统展示了浙江省、市、县三级推进营商环境优化的众多鲜活案例，并对构建新时代中国营商环境评价体系进行了有益的探索。本书理论与实践相结合，视野开阔，学理扎实，素材丰富，对于该领域学术研究和实际工作部门人员均大有裨益。

——查志强

浙江省人民政府咨询委员会委员，

浙江省社会科学院党委副书记、院长，研究员

◇◆◇◆◇

营商环境影响企业发展，有如自然环境关乎人类生存，其重要性不言自明。近年来，浙江省实施营商环境优化提升"一号改革工程"，全力打造营商环境最优省。谢晓波博士读博期间就曾围绕地方政府竞争与区域协调发展、优化外商投资环境等问题作过深入研究，他曾担任浙江省发展改革委副主任，组织开展了有关高质量发展指标体系及区域发展环境政策研究和制定等工作，对优化发展环境进行过多视角的比较分析和深入探讨，具有深厚的理论积淀和丰富的实践经验。他领衔的课题团队完成的《优化营商环境：理论·实践·案例·评价》一书，对营商环境作了全方位的系统分析，提出了独到见解和针对性的政策建议，对于完善优化营商环境工作机制和政策制定等工作具有参考价值。

——姚先国

浙江大学文科资深教授，浙江大学公共政策研究院院长

◇◆◇◆◇

营商环境是激发区域发展活力、提升竞争力的关键。如何优化营商环

境，凝聚发展合力，加快推进中国式现代化，这是当下全社会普遍关注的重大课题。本书从理论、实践、案例、评价四个维度，全面系统地对营商环境作了全方位的阐述和解读，融理论与实践于一体，既探讨了营商环境的理论渊源、基本内涵和要素特征及相关理论，又梳理了国内外优化营商环境的法规体系、评价方法和政策举措，并立足中国实际、结合浙江实践，创造性地构建了一套实操性强、数据可及性高的营商环境评价体系，兼具综合性和创新性，对进一步研究探讨并推动形成更加公平、透明、高效的营商环境具有重要的参考价值。

——盛世豪

浙江省社科联主席，浙江省咨询委学术委员会副主任，研究员

"只有更好，没有最好"的营商环境优化是构建高水平社会主义市场经济体制的题中之义。由谢晓波博士领衔的课题团队，贯通营商环境的古与今、中与外，比较主要市场经济国家营商环境发展模式，更立足我国市场经济先行地的浙江省域典型实践，基于理论、实践、案例、评价的基本脉络，呈现了理论与实践相互融合、顶层设计与基层创新良性互动的营商环境探索的丰富画面。这既是一种即时的实践回望与必要的经验扩散，还是一种与世界的积极对话和面向未来的开放姿态，揭示了一个文明古国始终保持勃发生机的底层密码。

——董明

中共浙江省委党校二级教授

本书系统梳理了国内外优化营商环境的发展过程，分析了我国优化营商环境的历史阶段，探讨了优化营商环境与构建高水平社会主义市场经济

体制之间的关系，剖析了优化营商环境面临的突出问题，提出了有针对性的对策建议。本书还提炼总结浙江省优化营商环境的典型案例，尝试构建新的营商环境评价体系。该书内容全面而又重点突出，既具有理论深度，又有实践指导价值，是理论创新性与实践操作性相结合的一本好书，对当前各地优化营商环境具有一定指导作用。

——程惠芳

经济学博士，浙江工业大学二级教授，
国家万人计划领军人才，浙江省特级专家

◇◆◇◆◇

优化营商环境有赖于公平公正、高度透明、可预期的法治，最大限度地减少政府对市场的直接干预。本书在梳理营商环境理论脉络和通常做法的同时，通过一个个鲜活的浙江经验，全方位展现了个案探索中的制度理性。殊为难得，值得珍视。

——谢晓尧

中山大学法学院教授，国务院反垄断反不正当竞争委员会专家咨询组成员

◇◆◇◆◇

营商环境优化提升是全体市场主体共同的、持久的期盼。谢晓波博士领衔的课题团队既是该领域的理论研究者，也是政策实践者。基于他们长期的理论和实践积淀完成的这部专著，从全球视野、历史逻辑、学理逻辑与实践逻辑相结合的角度，系统阐述了营商环境优化的过去、现在和未来，不但为政策制定者提供了重要参考，也为企业尤其是民营企业提供了深刻启示。

——魏江

浙江财经大学校长，浙江大学全球浙商研究院院长，教育部长江学者特聘教授

序

营商环境是各类经营主体在市场经济活动中所涉及的体制机制性因素和条件，其优劣直接关系着高端要素吸引力、市场资源配置力、各类主体创新力、区域国际竞争力。营造市场化、法治化、国际化一流营商环境是当前和未来一段时间我国全面深化改革和扩大开放的重要任务，是实现高质量发展、推进中国式现代化建设的重要基础和关键一环。优化营商环境工作，日益受到政府、企业及社会各界的广泛关注。

浙江省是中国改革开放的前沿阵地。长期以来，民营经济活跃，社会创新力强，其根本原因是在党的坚强领导下，充分发挥市场在资源配置中的决定性作用，更好发挥政府作用，充分释放市场活力，不断激发社会创新力。尤其是近20年来，浙江省以"八八战略"为统领，接续推进"四张清单一张网""最多跑一次"改革、数字化改革和政务服务增值化改革，持续破解制约市场活力的深层次体制机制障碍和结构性矛盾。在推进改革的进程中，涉企服务"一件事"、大综合一体化执法等很多先行探索被实践证明是行之有效的，并不同程度在全国得到复制推广，其中，数字营商做法被世界银行作为典型案例专刊报道、全球推荐，为中国式现代化一流营商环境建设提供了较多的实践案例和理论研究素材。

近年来，浙江省实施营商环境优化提升"一号改革工程"，对标国际一流、锚定全国最好，全面打造一流营商环境升级版，加快变革思想观念、领导体制、市场机制、治理方式，加快从便捷服务到增值服务的全面升级，从具体事的解决到治理创新的全面升级，从要素开放到制度开放的全面升级，着力打响"办事不用求人、办事依法依规、办事便捷高效、办事暖心爽心"营商环境品牌，全力打造营商环境最优省，在中国式现代化新征程上再创浙江发展环境新优势。

浙江省经济信息中心长期参与浙江省营商环境改革工作，牵头开展优化营商环境国家社科重点、省重点课题研究，积累了比较丰富的实践和研究经验，在以往各项研究的基础上，我们组织撰写了《优化营商环境：理论·实践·案例·评价》一书，从古今中外历史与学术的角度，全面梳理了优化营商环境的有关背景；重点梳理了改革开放以来，我国优化营商环境的理论发展和实践脉络；从不同视角精选了浙江省一批典型案例，从中提炼出营商环境改革的一些共性经验和一般做法；立足我国新发展阶段，借鉴世界银行营商环境新理念（B-Ready）和国内外有关机构的评价方法，设计了兼顾体系科学性、数据可及性的评价体系，尽可能体现理论与实践相互呼应、改革与评价有机结合。

本书共分五篇十二章。

第一篇背景篇，主要开展国际国内优化营商环境比较分析。梳理美国、英国、澳大利亚、日本等10个主要市场经济国家优化营商环境的改革模式，以及联合国、世界银行集团等主要国际组织和研究机构优化营商环境的改革理念和具体做法。通过回溯我国改革开放历程，从历史视角总结提炼了我国优化营商环境的演进规律。

第二篇理论篇，在营商环境相关理论发展和创新的基础上，深入探讨了营商环境的本质特征和内在要求。营商环境，自古代中国早期就有所萌芽，随着时代环境演变，唐宋时期达到了一个较为发达的水平，在明清时期，伴随资本主义萌芽，市场机制得到进一步强化。在西方，伴随古希腊、古罗马、古埃及、古巴比伦文明的兴起和文艺复兴运动等，市场制度得到逐步发展，为现代资本主义经济制度的形成奠定了基础。国际学术界持续深化营商环境相关理论研究，发展出新公共管理、新公共服务、治理理论等西方经典学说。我国学者也结合中国实践，进一步提出基于"确权用权评权督权"的政府权力规制、基于"评价考核"的晋升竞赛机制等相关理论，不断丰富营商环境的概念内涵、核心要义、本质要求，优化营商环境与构建高水平社会主义市场经济体制之间的相互关系也得到深入探讨。

第三篇实践篇，论述当前我国优化营商环境的法规体系、体制机制、主要成效和存在问题，提出有关对策建议。我国已构建起以国务院发布的《优化营商环境条例》为核心、各领域法律法规和部门规章为补充、地方优化营商环境立法为支干的政策法规体系，形成了由国务院牵头、各部门协同推进的体制机制，取得了明显成效，但也存在不少短板和问题，需要采取有针对性的措施加以解决。

第四篇案例篇，围绕打造市场化、法治化、国际化、数字化营商环境的实践探索，从浙江省营商环境案例库中精选整理出29项具有代表性的、可复制可推广的部门和基层改革案例，"涵盖了浙江省发展改革委优化金融营商环境 助力服务业扩大开放"等7项省级改革举措，以及"海曙区信用赋能'一诺万金'打造卓越市场环境"等22项市县改革案例。

第五篇评价篇，对标世界银行新版评估体系，借鉴国内外有关机构评价方法，课题组设计了一套既体现国际通行做法，又具中国特色的综合评价体系。通过比较分析世界银行B-Ready体系、国家发展改革委评价体系和浙江省营商环境"无感监测"体系等指标架构，充分吸收各类评价体系的优点，努力克服各评价体系可能存在的不足，尝试设计了一套新的评价体系，涵盖18项一级指标、55项二级指标、110项三级指标。

本书主要有六方面的创新：

一是在梳理世界主要市场经济国家在优化营商环境方面做法经验的基础上，总结提炼了其面临的共性问题与挑战，如政治稳定性与政策连续性、法规的复杂性与监管成本、税务制度的繁杂与税务成本、保护主义政策与市场准入门槛提高、高成本结构与社会及环境责任压力、创新瓶颈与数字化转型障碍等。同时，也总结提炼了国际权威组织与有关机构评价营商环境时存在的共性问题与挑战，对这些问题与挑战的总结提炼有助于推动政府、企业和社会各界共同关注营商环境的薄弱环节，为世界各国提供启示和借鉴。

二是系统梳理了改革开放以来我国优化营商环境的历史逻辑，总结了几点带有规律性的认识。回溯"以经济建设为中心"、全面深化"简政放权、放管结合、优化服务"改革，到"营造市场化、法治化、国际化一流营商环境"以来的历史性节点和标志性成果，将我国营商环境工作划分为"起步、探索、融合、优化、创新"五个阶段，逐一辨析各阶段典型特征、重点工作和主要成效，总结提炼出营商环境概念内涵从窄到宽，要素理解从硬环境为主到软硬环境兼顾，服务对象从以外为主到内外并重，工作抓手从注重招商政策供给到注重体制机制创新的主要演进规律。

三是在比较国内外营商环境有关理论和实践的基础上，总结提炼了中国式现代化背景下，一流营商环境的概念内涵、核心要义、本质要求，以及与社会主义市场经济体制之间的相互关系。尤其是把数字化营商环境作为营商环境的重要特征和内容纳入其中，认为市场化、法治化、国际化、数字化营商环境是相互融合、相辅相成的有机整体，市场化是特征，法治化是保障，国际化是必然，数字化是手段。强调数字化是新时代背景下提升营商环境的重要手段，也是推动市场化、法治化和国际化营商环境的技术基础。

四是全面总结了我国优化营商环境改革的工作体系与基层案例。梳理了当下我国营商环境建设的法规体系、工作机制、主要成效，分析了可能存在的短板弱项，并提出针对性优化建议。从浙江省优化营商环境改革的大量典型做法中，精心挑选了一批具有代表性、便于复制推广的实践案例，为各地营商环境工作提供参考和借鉴。

五是系统总结提炼了浙江省在全国通过"无感监测"进行营商环境评价的创新性做法。浙江省率先探索开展省域数字营商环境建设，一体推进营商重大改革和数字化应用实践，总体上实现从线下抽样调查变为在线全量监测，从事后人工评价变为实时系统分析，从事后内部反馈变为实时公开反馈，实现以企业和基层"无感"方式，全量、真实、在线归集数据，并以标准化、制度化手段推动营商环境"无感监测"改革成果固化。

六是创新建构了既体现国际通行做法，又具中国特色的综合评价体系。通过比较分析世界银行DB体系、B-Ready体系、国家发展改革委评价体系、我国各省市评价体系和浙江省营商环境"无感监测"评价体系等指标架构的优点与短板，尝试立足中国实际，从"政府规制＋宏观环境"视角设计一套新的评价指标体系和评价方法，为政府相关工作提供了一套实操性较强、数据可及性较高的营商环境评价工具。

在撰写本书的过程中，我们始终秉持理论与实践相结合的原则，力求使本书既具有一定的理论深度，又具有比较实用的实践指导价值。当然，本书也存在很多不足，尤其是因时间关系，未能对我们设计的评价体系进行试算和验证，这有待于以后我们作进一步的深入探索。我们希望通过本书能够激发更多关于优化营商环境的思考和讨论，促进理论与实践的相互融合、顶层架构设计与基层实践创新的良性互动，共同推动形成更加公平、透明、高效的营商环境。

感谢所有参与本书编写的同仁，以及为我们提供案例的机构和提出修改意见的专家学者，感谢习近平经济思想研究中心对浙江省经济信息中心承担的2023年度专项课题《优化营商环境理论与实践研究》的支持与资助，感谢浙江人民出版社对本书的出版付出的大量心血。正是因为有了大家的共同努力、支持与帮助，这本书才得以顺利问世。

谢晓波

2024年9月12日

目 录
CONTENTS

第一篇 背景篇

第二篇　理论篇

第三篇　实践篇

第五篇　评价篇

PART 1 ————————

第一篇 **背景篇**

第一章
优化营商环境国际比较概述

CHAPTER 1

营商环境是企业生存发展的土壤，是一个国家或地区在竞争发展中赢得比较优势的关键。优化营商环境对于全面提升一个国家或地区的综合实力和国际竞争力具有重要作用。

第一节　主要市场经济国家做法

一、美国

美国作为全球最大经济体，综合实力和国际竞争力始终保持领先优势，根据世界银行发布的《营商环境报告2020》（*Doing Business 2020*）①，美国在190个经济体中排名第6位。美国优化营商环境工作经历了一个长期动态的变迁过程，各个时期的政府都采取了不同的改革措施来适应国内外环境和形势的变化，力求在维护市场秩序、保障消费者权益的同时，最大限度地激发企业活力和竞争力。

---

① 这是世界银行根据一定的规则对各成员营商环境进行年度性测评、打分、排位及概况性论述的报告。

（一）公司法的形成与发展

美国独立战争后，商业公司开始涌现。1837年，康涅狄格州出台了第一部被誉为真正现代类型的公司法，允许为一切合法商业活动而设立公司，无须特定的政府许可，极大地简化了公司成立的流程。1900年以后，美国各州又竞相修改公司法，通过放松管制来吸引外州公司或留住本地公司，在赋予公司极大经营自由和管理自由的同时，推动了美国公司法的自由化转型。尽管在20世纪初期出现了对垄断企业的限制以及后来大萧条所导致的一些政府干预，但美国整体上依然维持了有利于私营企业发展和创新的环境。1969年美国修订《示范公司法》，取消了开办公司的最低注册资本，吸引各州纷纷效仿。1978年颁布的《联邦破产法》，赋予联邦法院对破产案件的专属管辖，明确和强化了管理人的地位，强调了公司重整程序，完善了破产免责和财产豁免制度等，为企业提供了较为灵活的市场退出机制。

（二）供给学派的兴起

20世纪80年代，面对棘手的经济形势，里根政府以供给学派为理论依据，进行了大刀阔斧的改革。一方面推行放松管制政策，推进金融、电信、能源等多个行业的监管改革，减少对企业的行政约束，鼓励市场竞争。同时，加大对中小企业的支持，通过立法为企业发展消除制度障碍，鼓励企业进行技术创新。另一方面减轻税负，通过两次修订税收法案，大规模削减个人所得税和企业税，特别是降低了最高边际税率，以刺激私人投资和个人消费，增强经济动力和活力。

（三）对外贸易政策的不断发展

美国的对外贸易政策与国内政治和经济形势密不可分。在第二次世界大战期间，美国实行全面的保护主义政策，以保护本国产业。战后，逐渐放弃保护主义政策，开始推动全球自由贸易体系的建立。20世纪80年代到90年代，美国实行一系列自由化政策，如1986年发起的"乌拉圭回合"谈判等。此外，美国积极推动北美自由贸易协议（NAFTA），充分利用世界贸易组织（WTO）贸易争端解决机制，来促进其经济的全球化融合，加强对外贸易，并吸引外国直接投资。

（四）"重塑政府"运动

1993年，克林顿政府提出了《联邦政府工作考察报告》，启动了"重塑政府"运动，旨在简化行政流程，提升政府效率，压缩政府开支。主要包括以下具体措施。一是精简政府。通过裁减部门、压缩行政机构和合并重叠职能，削减政府支出。二是提高服务效率。改善联邦机构提供服务的方式和质量，确保公众能够更便捷高效地获得服务。三是增强政府透明度。设立联邦政府网站，向公众提供更多的政府信息和数据，增强决策过程的公开性和参与性。四是推动政府数字化转型。利用信息技术改革政府运作，实现税务、社会保障、医疗保健等服务的在线办理，提高办公自动化水平。

（五）重视并保护知识产权

美国一直是尊重和保护知识产权的主要倡导者，并将知识产权视为美国现代经济的基石，而完善的知识产权保护离不开法律的支撑。

美国在建国之初便在宪法中规定"国会有权保障作者和发明人对其作品和发明在一定期限内的独占（专利）权利"。早在1790年，美国就颁布了第一部专利法，奠定了美国保护发明创新的基础，它在此后的时间里经历了多次重大的修改和调整，每一次修订都是为了更好地平衡发明人的权益、公共利益以及促进技术进步和经济发展之间的关系。在知识产权问题上，美国联邦政府积极作为，管理上极为缜密和严格。为适应快速变化的经济环境和全球竞争态势，美国不断及时地调整知识产权的构架、实施细则以及知识产权政策。同时，美国还十分重视保护美国海外知识产权，并将其作为外交政策的核心组成部分。

二、英国

在过去几十年中，英国政府推出了一系列旨在提升商业活动便利性、增强经济竞争力的改革措施。随着全球经济形势的变化和科技进步，英国政府不断加大对创新型企业的扶持力度，为突破性的技术和基础研究提供充足的资金和税收政策支持。世界银行发布的《营商环境报告2020》显示，英国在190个经济体中排名第8位。

（一）经济自由主义与撒切尔夫人改革

18世纪中期，英国经济自由主义逐渐产生。1759年，亚当·斯密首次在书中提出了"无形的手"，这只手就是市场价格机制。主张通过市场这只"看不见的手"自行调节经济活动，认为只有自由竞争才能提高经济效率。经济自由主义认为国家只是保障财产和维护秩序的"守夜人"。工业革命时期，英国国内妨碍经济发展的旧政策法规逐渐消除。1979—1990年，撒切尔首相领导下的政府推行了广泛的经济自由化改革，大力推行私有化和自由化，压缩国家干预，开放市场竞争，取消价格和最低工资等管制，特别是鼓励金融自由化，给银行证券业大幅"松绑"，同时，改革行政体制，裁减大批政府雇员，极大地改变了英国的发展环境。

（二）劳动市场改革

20世纪50年代至90年代初，英国进行了持续的劳动市场改革。在法律层面，通过颁布一系列劳动法律，如《劳动合同法》《劳动标准法》等，规定了劳动力市场的基本原则和制度，建立了劳动合同、工资支付、工时管理等方面的规范，为劳资争议处理提供了法律基础，为劳动者提供了法律保障。改革还涉及工会和协商制度，通过推行集体谈判、合作协议和独立仲裁等机制，促进了劳资双方的沟通和合作，减少了劳资争议的发生。这些改革有力地促进了劳动力市场的灵活性和公平性。

（三）公司法改革

1998年，英国政府成立公司法审议指导小组，开始了公司法的全面修改，2006年，公司法草案获得皇家御批，即《2006年公司法》。这是英国150年来规模最大的一次公司法改革，其主要目的在于适应经济全球化发展的需要，提升英国公司在世界上的竞争力。通过修订公司法，简化了公司注册程序，降低了设立和运营公司的门槛，同时，增强了企业治理结构的透明度，完善了问责制。这部公司法还特别注重以小型企业作为立法的出发点，制定了许多有利于小公司管理的措施。

（四）政府数字化转型

2010年，英国成立了数字化政府服务部门，采取了一系列措施来推进数字化转型，包括建立数字化服务平台、优化政府网站和移动应用程序、提高政府数据的访问性和便利性等。英国政府的数字化服务平台GOV.UK更是成为全球政府数字化转型的典范，该平台以"用户至上"为基本设计理念，整合来自300多个政府部门和机构的信息，极大提升了用户的便捷性和体验，推出了开放标准的使用，减少了政府的维护成本和复杂度，为其他国家和地区的政府数字化转型提供了宝贵的参考和借鉴。

（五）脱欧后的营商环境重塑

自2016年公投决定脱离欧盟后，英国采取了一系列措施来应对脱欧可能造成的影响。一是英国在脱欧后迅速成立了新的国际贸易部，并在2019年至2020年期间签署了数量可观的自由贸易协定。英国还与澳大利亚和新西兰缔结了全新的协议，计划加入全面与进步跨太平洋伙伴关系协定（CPTPP），这些谈判的成功已成为英国脱欧后自由贸易政策的象征。二是加大对科技创新的投入。英国政府将年度公共研发投资增加到220亿英镑，并与英国商业银行合作，为创新企业提供政府融资支持，开发在线金融和创新中心，降低创新公司获得金融支持的复杂性，支持高增长创新型企业发展，并带动私营资本投资，形成多元化创新的融资生态系统。三是推出税收优惠、研发补贴、创新基金支持等投资激励政策，设立专门机构提供一站式服务，以吸引国外企业在英国设立或扩大业务。强化新技术的应用，以支撑建设现代化的商业环境。四是简化海关程序，建立新的信息化系统，促进货物快速通关，提高对外贸易效率。

三、德国

德国作为欧洲最大的经济体之一，拥有稳定的经济基础、先进的工业体系和严谨的法律框架，其经济市场总体上表现出较高的成熟度和吸引力。世界经济论坛①发表的2019年度《全球竞争力报告》显示，德国连续第二年获评全球"最具创新力经济体"，全球141个经济体调研对象中，德国在创新领域排名第一。良好的营商环境，是德国的创新研发能力经久不衰的秘诀。

（一）市场经济体制确立

1990年两德统一后，德国面临东西部经济体系整合的巨大挑战。德国政府按照自由市场原则，在东部地区迅速实施了包括引入自由价格、市场竞争、经济私有化、自由贸易、对外开放、创业自由、能力导向的收入分配机制和稳定的货币政策在内的一系列经济改革措施，在德国全域迅速建立起统一的市场经济体制，为经济发展提供有效的体制框架。

（二）基础设施与公共服务完善

德国将基础设施和公共服务视为整体营商环境的重要组成部分，

---

① 世界经济论坛是以研究和探讨世界经济领域存在的问题、促进国际经济合作与交流为宗旨的非官方国际性机构，总部设在瑞士日内瓦。因在瑞士达沃斯首次举办，又被称为"达沃斯论坛"。

持续投资于基础设施建设并不断加以完善。德国拥有发达的交通运输网络，包括高速公路、铁路、城市公共交通等，尤其是城市公共交通系统被认为是全球最高效的公共交通系统之一，特别是在西部地区，公共交通网络几乎覆盖所有大小城市和乡村，包括地铁、轻轨、有轨电车和公共汽车在内的多模式交通系统，为居民和游客提供了便捷的出行选择。德国也在积极投资信息技术和数字基础设施，例如亚马逊云服务计划在德国投资84亿美元建设基础设施，显示出德国作为欧洲云计算和数据中心的重要地位。同时，德国提供高效、优质的公共服务。德国的教育体系以高效、多元化和实用性著称，是世界上最为发达和完善的教育系统之一，尤其是双元制教育体系（Dual Education System）是德国教育体系中的一大亮点，结合了理论学习与实际工作经验，这种模式在职业教育和培训领域尤为成功，被认为是德国经济竞争力强和青年失业率低的背后推手。

（三）劳动力市场改革

1998年，面对结构性经济滞胀和失业率长期居高不下的困境，德国政府对劳动力市场和社会保障制度进行大刀阔斧的改革。一方面，德国政府采取了各种鼓励灵活就业及职业培训的措施，增加了临时工作、短期工作和非全职工作的数量以及工作奖励；另一方面，德国政府大幅削减失业救济福利，以此敦促失业者重新进入劳动力市场。这些改革措施优化了德国的经济结构，促进了劳动市场和社会保障制度的良性互动，避免了福利制度僵化，成为促进德国经济较快发展的主要原因。

（四）"走出去"战略与工业创新转型

为进一步提升贸易与投资服务水平，2009年，德国政府成立了联邦外贸与投资署（GTAI）。作为全国性官方机构和德国改善与提高营商环境的主要实施机构，GTAI与联邦各州的经济促进局一起，为德国企业投资和贸易发展提供服务，为德国企业"走出去"以及外国企业赴德投资提供相关资讯、税收和法律咨询以及场地与资金支持等。同时，德国政府推出了"工业4.0"战略，强调智能制造和数字化转型，强调科研和企业合作，强调标准化和兼容性，强调为企业提供研发支持和税收优惠，鼓励技术创新和产业升级。德国对中小企业的支持广泛而且深入，按照《高科技战略2025》所列领域，给予企业政策性金融和直接资助；通过综合性的市场开拓计划，助力企业开拓国内外市场；通过双元制教育体系，确保高质量的专业人才和劳工队伍供给。

（五）能源转型政策

德国的"能源转型"政策，旨在减少化石燃料依赖，转向可再生能源，强调企业要更加注重可持续性和环境保护，这不仅促进了绿色经济的发展，也对营商环境产生了深远影响。2021年，德国政府修订的《可再生能源法》，明确了在2030年实现65%可再生能源发电的目标。能源转型促进了清洁能源技术和相关产业链的发展，为德国企业，尤其是中小企业，创造了新的市场和出口机会。可再生能源、智能电网、储能技术、能效解决方案等领域吸引了大量投资，带动了技术创新和就业增长。德国作为能源转型的先行者，在全球范围内具有明显的技术和经验优势，"能源转型"政策极大地提升了德国制造在环保和可持续发展领域的国际品牌影响力。

四、法国

法国具有较完整的产业体系，近年来，法国通过多轮结构性改革和政策调整，强化经济基础，改善营商环境，提升竞争力，吸引外国投资。这些措施既体现在宏观层面的结构性改革，也体现在微观层面的操作流程优化。世界银行发布的《营商环境报告2020》显示，法国在190个经济体中排名第32位。

（一）公共行政系统改革

20世纪80年代以来，法国政府为了推进服务型政府的建设，对公共行政系统进行了全方位的改革。法国公共行政改革包括地方分权与财政自治、行政管理现代化、公共服务市场化与外包、社会保障与福利制度改革、大学治理模式革新等。这些改革提高了公共服务的效率和响应速度，调动了地方政府的积极性和创新精神；提高了公共服务质量，降低了服务成本；满足了平衡财政收支与社会福利需求；提高了教育机构的自主性和竞争力。

（二）就业增长法案和劳动法改革

2013年，法国政府开始实施"竞争力与就业税收抵免"（CICE）计划，旨在通过为企业减税以增强企业特别是中小企业竞争力。马克龙当选法国总统后，延续并深化了这方面的改革，其中包括劳动法改革，以赋予企业更大的招聘和用工灵活性，以及降低企业税负，通过取消生产税（CIS）并将公司所得税率逐步下调至25%，旨在提振法国的经济活力和国际竞争力。

（三）行政简化和数字化改革

为了降低企业设立和运营的成本，法国政府一直在努力简化开设新企业的程序，减少官僚主义障碍。2017年，法国政府推出了一站式企业注册平台"SIRENE"，推动行政手续的简化，包括企业设立、运营和注销的流程，使得企业能够在较短的时间内完成注册手续。同时，加强了数字化公共服务建设，鼓励政府部门使用数字工具提升服务效率，例如推行电子签名、电子发票等，以降低企业运营成本。

（四）提升投资吸引力

法国政府通过投资促进如法国商务投资署等机构积极宣传投资环境，并推出了一系列激励措施吸引外资，包括在特定地区和行业提供税收优惠、补贴和资金支持等。如法国通过"法国2030"投资计划等一揽子措施，加大对创新和研发的支持力度，特别是在人工智能、生物技术、清洁能源等前沿领域。为了应对技能短缺，法国增加了对教育和职业培训的投资，以确保劳动力市场的灵活性和适应性。这有助于提升国内人才的竞争力，同时也吸引外资企业投资。法国注重强化法治与透明度，不断完善法律法规体系，包括加强知识产权保护、完善合同执行机制和提升司法效率，以及建立更有效的争端解决机制等，以确保市场规则的透明性和可预测性。

五、意大利

意大利地理位置优越，是连接南欧、中欧和东欧，以及北非和中东地区的重要枢纽，世界20%的海上运输、30%的燃料运输和25%的集装箱运输均通过意大利的港口。在优化营商环境方面历经多轮改革，从简化行政手续、加强法律框架，到推动数字化服务和应对全球挑战，持续努力提高自身在全球市场中的竞争力和吸引力。根据世界银行发布的《营商环境报告2020》，意大利的跨境贸易指标在190个经济体中排名第1位。

（一）适应欧盟的内部改革

意大利是欧洲一体化的重要支持者之一，为适应欧洲一体化的要求，20世纪末到21世纪初，伴随着欧洲一体化的加深，意大利开始逐步调整其国内法律法规以符合欧盟标准。这个时期，意大利完成了全球最低税立法的制定，以符合欧盟要求所有成员国在2023年底前实施的全球最低税；放宽了对固定期限合同的限制，以反映欧盟关于灵活就业市场的趋势；遵循了欧盟关于标准化的指令和法规，确保意大利产品符合统一的欧盟标准，从而促进自由贸易和消费者保护。

（二）加强知识产权保护

2005年，意大利颁布了《工业产权法典》，不仅对原有的工业产权规定进行整合与更新，还引入新的定义和保护范围，比如明确将原产地名称、地理标识以及公司机密信息纳入工业产权的范畴，体现了知识产权保护内容的扩展和细化。意大利还在全国12个城市设立专门的知识产权法庭，以专门处理涉及知识产权的法律诉讼，提高了案件处理的专业性和效率。

（三）创造便捷的投资环境

2012年，意大利经济发展部设立"意大利窗口"作为吸引外资的总协调部门，与外交部、财政部、外贸委员会等部门和机构之间建立联动机制。"意大利窗口"的设立简化了行政审批流程，为外国投资者提供一站式服务。2014年，意大利又通过一项名为《目的地意大利》的法案，简化了到意大利进行科研、留学和创新型企业创业人员的签证和居留办理手续。

（四）"工业4.0"国家计划

作为欧洲重要的工业国之一，意大利从2017年开始实施"工业4.0"国家计划。该计划的主要目标包括，加强"高专学院"体系，加大专业技能人才培训力度；利用基金推动相关领域的研究和创新项目融资，提升国家竞争力；提高劳动力知识水平，鼓励企业进行员工培训。为保障"工业4.0"计划的顺利实施，意大利政府还出台了税收优惠、融资扶持等一系列促进措施。

（五）品牌影响力

意大利拥有悠久的历史和深厚的艺术文化底蕴、传统的手工技艺，如皮革制作、纺织、珠宝加工等，经过数百年传承，为意大利品牌注入了高品质和独特的工艺价值。意大利设计师以其独到的审美和创新精神闻名，善于将传统工艺与现代设计结合起来，创造出既实用又具有艺术美感的产品。这种对美学的不懈追求，使得"意大利制造"成为高质量和时尚的代名词。意大利品牌擅长讲述故事，通过品牌故事和营销传播，构建起独特的品牌形象和情感链接。意大利品牌还具有产业集群效应，如托斯卡纳的皮革制造、威尼斯的玻璃制造等，这些集群内部的紧密合作和资源共享促进了知识和技术的快速传播，提升了整个行业的竞争力。意大利政府通过政策扶持、资金支持和国际贸易推广等措施，帮助本土品牌走向国际化。意大利品牌在国际上的极大影响力，对于寻求技术合作和市场扩展的外国企业而言具有很大的吸引力。

（六）数字化转型

近年来，意大利进一步加快数字化转型步伐，特别是在新冠疫情后，政府大力推行远程办公、电子商务和无接触服务，以应对公共卫生危机对经济的冲击。通过数字化手段进一步简化行政流程，出台了诸多经济刺激计划，包括减免税收、提供低息贷款和财政援助，以帮助企业渡过难关，并借此机会深化经济结构改革，提升整体营商环境水平。

六、澳大利亚

澳大利亚优化营商环境的做法主要集中在简化行政程序、强化法治保障、提供财税支持、开放贸易投资以及完善基础设施等方面。根据世界银行发布的《营商环境报告2020》，澳大利亚在190个经济体中排名第14位，在开办企业、办理信贷以及执行合同方面均达到了世界前十的水平。

（一）简化行政程序与审批流程

澳大利亚政府致力于简化企业设立、运营和扩展过程中的行政手续，减少不必要的审批环节，缩短办理时间。提供集成化在线服务平台，让企业在单一窗口完成注册、税务登记、社保开户等手续，降低企业与多个政府部门打交道的成本。精简各类审批所需文件清单，避免因信息不透明导致的企业反复提交或遗漏材料。设定行政审批服务承诺期限，确保企业在规定时间内得到答复，增强企业经营的可预期性。

（二）法治环境与知识产权保护

澳大利亚重视法治建设，通过多种方式营造公平、透明、可预见的商业环境。一是及时修订和完善商业法规，确保其与国际标准接轨，为投资者提供稳定、明确的法律框架。二是维护独立、高效的司法体系，确保商业纠纷能得到公正、及时的解决。三是加大对商业欺诈、垄断行为等违法行为的打击力度，保护市场公平竞争。四是强化知识产权法规，提供便捷的知识产权申请、确权、维权途径，鼓励创新与技术研发。

（三）财税优惠政策与支持措施

澳大利亚积极为企业减轻负担，激发市场活力。将个人所得税最高边际税率从32.5%降至30%，大部分纳税人从中受益。通过增加即期资产核销、扩大低税率适用范围等措施，减轻企业税收负担。提供研发（R&D）税收优惠，鼓励企业进行研究与开发活动。为中小企业提供广泛的财政补贴、税收减免、融资渠道多元化以及信息服务，以降低其运营成本。实施便捷的退税流程，利用先进的电子税务系统提高征管效率，减少企业税务合规成本。

（四）开放的贸易与投资政策

澳大利亚作为自由贸易倡导者，积极参与并签署多边及双边自由贸易协定，降低关税壁垒，扩大市场准入，为企业创造更广阔的国际市场空间。对外资实行负面清单管理，除特定领域外，原则上给予外国投资者与本国企业同等待遇。简化外资并购、设立子公司等审批流程。健全公开、透明的投资法规与政策信息，提供投资咨询服务，帮助投资者了解并适应当地市场规则。

（五）优质的基础设施与公共服务

澳大利亚持续投资基础设施建设和公共服务，为营商活动提供良好条件。维护并升级公路、铁路港口、机场等交通设施，确保物流高效畅通。完善高质量的教育体系，大力培养专业人才，吸引国内外优秀人才赴澳工作，满足企业的人力资源需求。支持研发机构、高校、企业之间的合作，打造创新集群，推动产学研深度融合。

七、日本

日本致力于打造全球创新中心，通过简化行政流程、优化税收制度、加强知识产权保护、实施科技创新基本法、推进"产学官"合作、推动国际贸易与投资自由化等举措，努力营造公平市场环境。根据世界银行发布的《营商环境报告2020》，日本在190个经济体中排名第29位。

（一）二战后重建与高速发展期

二战结束后，日本开始重建法制基础，通过制定和修订一系列法律法规，包括公司法、商法、劳动法等，为商业活动提供坚实的法律框架。政府实行了一系列行政改革，简化企业设立和运营程序，出台产业调整政策，创造良好营商环境，引导资本和技术流向优势产业，如汽车、电子、精密机械等。

（二）经济结构调整期

1980年以来，随着全球化的推进，日本政府意识到需要进一步改善营商环境，增强国内企业竞争力，因此开始推进企业税制改革，减轻企业负担。同时，着手改革金融体系，提升金融服务效率，逐渐放松对外资的限制，引进国外先进的管理制度和商业模式，推动国内市场开放，以吸引外商直接投资。

（三）改革深化期

20世纪末，日本政府开始官僚体制改革，减少政府对市场的干预，放松重点领域管制，进一步激活私营部门活力，推动企业治理结构改革，提升企业效率和透明度，改革劳动保障体系，提高劳动生产率，鼓励科技创新，推动产学研合作，支持新兴产业发展，积极参与多边贸易谈判，扩大海外市场准入。

（四）营商环境深化改革

"安倍经济学"出台后，日本政府加大了对营商环境改革的力度，提出了具体的量化目标，如缩短企业设立时间、降低创业成本、改善破产处理制度等。密切关注世界银行《营商环境报告》等国际评价体系，针对评价结果进行有针对性的改革，以期在全球范围内提升其营商环境水平。

（五）数字化转型

新冠疫情暴发后，日本加快了数字化转型的步伐，推行远程办公、在线交易等新模式，优化线上政务服务。在优化营商环境的过程中，也更加注重绿色经济和可持续发展的要求，通过财政政策和法律法规引导企业走向绿色发展道路。

八、新加坡

新加坡在优化营商环境改革上具有长期、全面和前瞻性的特点，通过结合自身国情，进行持续不断的制度改革、技术创新及国际合作，多次被全球公认为营商环境典范，根据世界银行发布的《营商环境报告2020》，新加坡在190个经济体中高居第2位。

（一）便捷的企业准入环境

新加坡政府很早就设立了高效的一站式服务机构，使得企业在设立过程中无须与多个政府部门单独打交道。所有与企业经营相关的事务，包括水电供应、环保、消防、土地使用等，都由单一机构统一处理，极大地提高了效率。在新加坡注册公司非常快捷，在材料齐全的情况下，只需登录新加坡会计与企业管制局的商业文件系统，便能在线完成公司及海外分支机构的注册登记。企业办公不论选址于任何地带、任何区域环境，都具备完善的基础配套设施。招募员工容易，新加坡是知识智力型人才富集地，不仅拥有强大的本地人才队伍，而且大力引进国际精英人才。

（二）完善的税收政策和投融资服务

新加坡签署了50个避免双重课税协定、30项投资保证协议，使在新加坡展开跨国业务的总公司享有税收优惠。针对获得批准的国际航运企业计划与全国商人计划，实行10%或5%的税率优惠。新加坡的融资租赁市场非常成熟，可根据不同类型的贸易企业提供多样的融资模式，对于投资海外的公司，提供"保险＋贷款"的融资模式。

（三）健全的多边贸易体系

新加坡签署多个自由贸易协定（FTA），构建了全球化的自由贸易网络。新加坡与美国、欧盟、中国、日本、澳大利亚、新西兰等主要经济体签署了自由贸易协定，还签署了36项投资担保协议，主要是保护本国企业在国外投资的非商业性风险。同时，与50多个国家签署的避免双重征税协议确保了对在新加坡成立的所有企业进行公平征税。

（四）健全完备的商业（务）法规体系

新加坡不断完善公司法、合同法等相关商业法律，确保企业能够在清晰、稳定和可预见的法律框架下运营。新加坡在知识产权保护、人才引进、工资福利待遇、移民、电子商务等方面都拥有完备的法规体系；拥有健全、公正的司法审判体系以及援助企业解决纠纷的有效渠道。具有世界上最好的知识产权保护法律体系，如《专利法案》《商标法案》《注册商标设计法》和《版权法》等，为企业提供强有力的知识产权保护。

九、韩国

韩国政府长期以来高度重视提升国家经济竞争力和吸引外来投资，不断吸收和借鉴国际优秀实践经验，通过法律、行政、财税、基础设施和技术创新等方面的持续改革，成功地提高了本国营商环境的全球竞争力。根据世界银行发布的《营商环境报告2020》，韩国在190个经济体中排名第5位。

（一）大力推动经济结构改革

21世纪初期，韩国开始了大规模的经济结构改革，放宽对特定行业的管制，促进市场竞争，特别是在2003年之后，韩国政府依据世界银行《营商环境报告》的各项指标，针对性地进行了一系列改革，以简化企业注册、提升司法效率、改善合同执行、降低税费负担等，这些为推动国外资本进韩国寻找新机会创造了良好条件。

（二）提高政策法规的透明度

韩国政府在制定或修改可能影响外商投资的法律法规时，积极采纳外资企业意见。2015年7月，韩国开通了外资规定信息门户网站。通过该网站，外资企业可以检索新制定或修改的法律规定，并提出意见。此外，为了让外国投资者积极参与政策制定并提出意见，韩国定期举行国会商议会，邀请相关部门及主要外国投资者共同参与政策研讨。韩国政府分别在企划财政部、产业通商资源部、环境部、雇佣劳动部等21个政府部门指定外商投资专门负责人，旨在加强外国投资者与政府部门的联系。外商投资专门负责人在其所在部门制定和完善相关法律法规时征集外国投资者的意见。

（三）设立外商投资专门机构和监察专员制度

为帮助外商成功落户韩国，韩国成立了国家投资振兴机构——韩国投资局（Invest Korea）。该机构一站式提供外商落户韩国所需服务，如投资咨询、投资选址、公司成立、投资申报、申请投资红利等。韩国还设立了获得世界银行赞赏的外商投资监察专员制度，在有效解决在韩外资企业经营难题等方面发挥了积极作用。外商投资监察专员由总统委任，其旗下设有外国企业困难处理团，处理团由金融、会计、法律、产业选址、税务、劳务等领域专家组成，为外资企业在韩经营提供全方位支持。

（四）加强外商投资园区和自由贸易区建设

韩国各地共分布有7个经济自由区、105个外商投资区和13个自由贸易区。政府不仅为企业提供选址扶持，还对鼓励发展的创新产业大力给予税收、资金、签证等支持。例如，2015年起，在韩国总部工作的外国管理层不论收入多少，5年内均一律适用17%税率，这与其他在韩工作的劳动者38%的税率相比低了近一半。而对于在研发中心工作的外国人，两年内免除其50%的个人所得税。

（五）加强知识产权保护

据韩国国家投资促进局发布的信息，韩国的专利审查效率远远高于美国、日本等发达国家。这种对知识产权强有力的保护政策及高效的专利服务，为以创新为基础的外商投资者提供了稳定可靠的投资环境。

十、阿联酋

阿联酋通过长期且持续的制度改革、技术创新和国际合作，成为全球极具竞争力的商业目的地之一，根据《营商环境报告2020》，阿联酋在190个经济体中排名第16位。

（一）初始阶段

阿联酋在20世纪70年代石油繁荣时期积累了大量的财富，为后续的经济多元化打下了基础。七个酋长国联合成立联邦后，逐步开始建设基础设施，简化投资流程，吸引外资进入非石油行业，初步形成了良好的商业环境。

（二）发展绿色可持续经济

为实现经济的可持续发展，将阿联酋建设成为全球绿色金融和碳交易的中心，2010年阿联酋推出《阿联酋愿景2021》，将可持续发展置于其未来几十年的发展核心。2017年，阿联酋发布《2050年能源战略》，计划在未来30年将清洁能源在能源结构中的比例从目前的25%提高至50%。2021年，阿联酋正式推出"2050年净零碳排放战略倡议"，成为中东产油国中首个提出净零碳排放战略的国家，计划到2050年实现温室气体净零排放。

（三）多领域改革与国际合作

近年来，阿联酋政府十分重视营商环境改善，推出了系列改革措施。提高信息透明度，使得财产登记更加便利。建立统一的抵押登记处，进一步加强借贷双方的合法权益保护。开放金融市场。阿联酋持续保持其金融市场对外资银行的开放态度，放宽外资商业银行的市场准入。通过建立世界一流的设施和服务，如阿布扎比全球市场和迪拜国际金融中心等自贸区，为国际企业提供优越的营商条件。在数字化和智能化应用领域走在前列。阿联酋政府利用区块链、人工智能等先进技术，全面提升政务服务效能，通过数字化转型大幅提升了营商环境的便利性。

（四）完善法律法规体系

阿联酋政府修订了商业公司法，取消了外国投资者在当地注册公司的持股比例限制。这意味着除特定行业外，外资现在可以拥有在岸公司100%的所有权，这极大地提高了外资吸引力。修订《国籍法》，为符合条件的外国投资者和优秀人才提供阿联酋公民身份，这是对长期居住和投资的一种激励。阿联酋政府还颁布了电子商务新法，适应数字经济的发展需求，支持创新和创业思维，以提升商业环境的竞争力。

（五）降低企业开办成本

2018年，迪拜为减少电力接入成本，取消了150千瓦内的商业和工业电力接入的所有费用，从而提升企业获得电力的便利度。在连续两年的世界银行营商环境评价中，阿联酋的获得电力指标均位居世界第1位。2021年，阿布扎比宣布削减94%的企业注册成本，旨在创造一个更具优势及吸引力的营商环境，吸引更多的外国直接投资进入，将自己打造成为中小微企业入驻高地。

十一、面临的问题和挑战

世界各国在打造和优化营商环境的过程中，作出了积极探索，形成了不少好的经验和做法，也存在一些挑战。具体挑战因国家和地区而异，以下是一些普遍存在的问题。

（一）政治稳定性与政策连续性

西方所谓民主国家内部政治极化严重，导致执政党和政府首脑更迭频繁，新政府往往会进行各方面政策的调整。政府的不稳定性会增加市场的不确定性，影响投资者信心，导致资本流动波动，影响国家的经济发展和就业状况。政府的不稳定性还会影响国家的信誉和国际合作，特别体现在对外政策、国际贸易谈判和履行国际组织义务等方面。同样，政府的频繁更换，也可能削弱政府治理能力，影响公共服务的质量和效率。政府更迭和政策频繁变动影响企业的长期投资决策。

（二）法规的复杂性与监管成本

西方国家法律体系历史悠久，法律法规众多，包括国家法律、地方性法规以及行业特定规定等，这导致企业在遵守规则时需要处理大量的法律文本和细则，增加了合规成本。不同级别的政府以及不同的监管机构可能对同一领域制定相互重叠或矛盾的监管要求，企业需要在多重监管下找到合规路径，增加了操作难度。复杂的行政程序、冗长的审批流程和过多的规章制度阻碍企业效率，增加运营成本。

（三）税务制度的繁杂与税务成本

西方国家的税法经过多次修订和补充，形成了复杂的税制结构。这种复杂性体现在税收种类繁多、计算方法复杂、抵扣规定详尽、区域差异较大等方面，增加了企业税务规划和合规的难度。同时，政府为应对经济变化、社会政策调整或财政需要，会不时修改税法，这也增加了遵从成本。如何设计合理的税收政策以吸引投资，同时确保公平性，以及如何有效利用财政激励促进创新和推动经济增长，是持续的议题。

（四）保护主义政策与市场准入门槛提高

发达国家在某些领域采取了保护主义政策，区别对待内外资企业，导致企业竞争不公平，给在发达国家投资经营的企业带来负面影响。一些发达国家对外商投资的限制增多，市场准入条件变得更为苛刻，限制了企业的公平竞争。例如，《欧盟营商环境报告2021/2022》提到，欧盟从外资审查、外国补贴审查、公共采购审查三个方面全面提高了市场准入壁垒，违反了WTO自由化原则。报告数据显示，58.97%的受访企业表示外资审查给其赴欧投资及在欧运营带来负面影响。

（五）高成本结构与社会及环境责任压力

发达国家的生活成本和劳动力成本普遍较高，这可能会影响新企业的创立和现有企业的扩张。随着公众对可持续性和社会责任的关注度提高，企业在追求利润的同时还需要满足更高的环保和社会标准，这也可能增加其运营成本和复杂性。

（六）创新瓶颈与数字化转型障碍

创新生态系统可能存在不均衡，某些地区或行业可能缺乏足够的创新资源和支撑体系。尽管发达国家教育水平普遍较高，但在某些领域也可能面临人才短缺的问题，这可能限制企业的创新和发展能力。虽然发达国家通常在技术方面领先，但部分企业，尤其是中小企业，可能难以跟上快速的技术变革和数字化转型步伐，导致在采用最新数字工具和平台方面滞后。

这些问题是各国在改善营商环境过程中需要着力解决的关键点，解决这些问题需要政府、企业和社会各界的共同努力，包括简化行政程序、降低企业成本、促进技术创新与教育、优化法律法规、加强国际合作以及实施前瞻性的经济政策等。只有通过改革创新和市场开放，才能营造更好的营商环境，吸引更多的投资和人才，促进经济社会持续健康发展。

第二节　国际权威组织和有关机构相关做法

一、联合国

联合国（the United Nations, UN）通过制定国际规则、提供指导性框架、发布最佳实践和指标评估等方式，积极推动全球营商环境的改善和可持续发展。

（一）推动国际化投资

联合国贸易和发展会议（United Nations Conference on Trade and Development, UNCTAD）自成立以来就关注发展中国家的投资环境、企业运营条件和经济发展，它推出了一系列指南和工具，例如《世界投资报告》，总结过去一年全球外国直接投资流量的变化，分析驱动这些变化的因素，包括全球经济状况、跨国公司战略、区域趋势等，提供各国和各地区的外国直接投资流入和流出的详细数据，以及相关的政策变化和投资环境评估，基于报告的分析提出政策建议，帮助各国和各地区改善投资环境，促进可持续发展，以及在全球化挑战中寻找机遇。联合国通过UNCTAD等机构支持贸易便利化措施，减少跨境贸易的障碍，如简化海关程序、采用电子政务解决方案等，这些都是优化营商环境的重要组成部分。

（二）推动可持续发展

联合国可持续发展目标（Sustainable Development Goals, SDGs）是一系列国际发展目标，旨在引导全球在2015年至2030年间实现经济、社会、环境三个维度的可持续发展。这些目标包括了17项具体内容，在2015年9月25日的联合国可持续发展峰会上正式通过。在优质教育方面，SDGs强调提供包容和公平的优质教育，让全民终身享有学习机会；在经济增长和就业方面，强调要促进持久、包容性和可持续的经济增长，促进实现充分就业及人人享有体面工作；在全体伙伴关系方面，强调加强国际合作，推动多边主义，确保可持续发展目标的实施。联合国鼓励成员国通过政策和行动来实现这些目标，包括放宽中小企业的市场准入、促进创业和创新等。

（三）国际贸易法的协调与统一

联合国国际贸易法委员会（United Nations Commission on International Trade Law, UNCITRAL）于1966年12月17日依据联合国大会第2205（XXI）号决议设立。UNCITRAL的职责是致力于减少或消除这些法律障碍，促进国际贸易法的协调与统一。UNCITRAL起草了《联合国国际货物销售合同公约》（CISG）、《联合国海上货物运输公约》（汉堡规则）、《联合国国际贸易法委员会国际商事仲裁示范法》，制定了《电子商务示范法》《电子签名示范法》《投资人与国家间基于条约的仲裁透明度规则》等等，为全球商事活动的顺利进行提供了法律支持和指导。UNCITRAL制定的商业交易规则，以及国际劳工组织（ILO）关于劳动标准的规定，这些都有助于建立一个更透明、可预测的商业环境。

（四）提供平台和技术支持与能力建设

如通过联合国大会、经济及社会理事会及其附属机构的会议，促进各国政府、私营部门、民间社会和其他利益相关者之间的对话，讨论和协调改善全球和各国的营商环境策略。联合国机构向发展中国家提供技术支持和能力建设援助，帮助它们改革法规、提高行政效率、加强司法独立和透明度，以及提升公共服务质量，这些都是改善营商环境的关键因素。

二、世界银行集团

世界银行集团（World Bank Group, WBG）基于促进全球经济增长与减贫这一核心使命，在营商环境改革方面，世界银行扮演了倡导者、评估者和协助者的角色。2023年5月，世界银行发布新评估体系（B-Ready），从"监管框架完备性""公共服务可及性""企业办事便利性"三个维度开展调查，贯穿数字技术运用、环境可持续和性别平等的理念，涵盖市场准入、获取经营场所等十大指标领域。

（一）发布营商环境报告

2003年，世界银行首次发布《营商环境报告》，这是首个对各国商业法规及其执行情况进行全面量化评估的研究报告。这份报告通过设定一系列指标，衡量和比较各国在开办企业、办理施工许可证、财产登记、获得信贷、保护投资者、纳税、跨境贸易、执行合同和解决破产等领域的表现。这些评估指标，为各国提供了一个比较和改进自身营商环境的基准。

（二）分享最佳实践

世界银行不仅提供数据和分析，还通过技术援助项目帮助成员国改革法规和行政程序，提升公共服务效率，优化商业法规框架，以更好地服务于企业和企业家。世界银行定期发布案例研究和专题报告，分享各国在优化营商环境方面的成功经验和教训，鼓励各国互相学习，共同提高全球的营商环境水平。

（三）推动全球改革

世界银行逐年对《营商环境报告》进行改进和扩展，增加了更多反映实际商业环境的关键指标，以便更准确地反映各国营商环境的真实状况和改革成果。很多国家高度关注《营商环境报告》，将此报告作为识别本国营商环境短板和问题的改革参考，有针对性地系统制定本国相应的政策改善和法律改革方案，以提高自身在全球排名中的位置。

（四）强调包容性增长

世界银行在推动营商环境改革的同时，也强调这些改革应促进所有群体，尤其是中小企业和弱势群体的发展，确保经济增长的成果能得到广泛分享。推动国际合作与交流，促进国际关于营商环境改善的经验交流，通过研讨会、论坛等形式，让不同国家的决策者、学者和私营部门代表分享见解，共同探讨解决方案。为保持改革的动力和连贯性，世界银行还建立了一套监测系统来跟踪各国的改革进展，确保改革措施得到有效实施，并能够持续改善。

三、世界贸易组织

世界贸易组织（World Trade Organization, WTO）主要通过制定、监督和执行一套全球贸易规则，促进国际贸易和投资环境的规范化，提高规则透明度，促成成员国之间的经济合作与贸易自由化，以此来推动全球营商环境的持续优化。

（一）《服务贸易总协定》与《贸易便利化协定》

WTO 通过制定和实施《服务贸易总协定》和《与贸易有关的知识产权协定》，分别对服务贸易领域和知识产权保护进行了规定，这两项协定对于优化国际服务行业和知识产权相关行业的营商环境至关重要。2013 年 12 月，WTO 成员达成了《贸易便利化协定》。该协定旨在简化通关程序、提高透明度和采用国际标准，从而降低贸易成本，为商品和服务的跨境流动创造更便利的条件，显著改善了全球的营商环境。

（二）推动贸易政策审议和争端解决机制

WTO 建立了贸易政策审议机制，定期对所有成员的贸易政策和做法进行审议，鼓励成员国遵守规则，改革不利于贸易发展的政策措施，进一步优化各自国家和全球的营商环境。WTO 的争端解决机制为解决国际贸易争端提供了规则和程序，一定程度上确保成员国遵守 WTO 规则，避免贸易冲突对营商环境的负面影响。

（三）持续改革与适应新挑战

随着全球化的深入和经济环境的变化，WTO 一直致力于自身的改革和规则的更新，以应对数字经济、环境保护、健康安全等新议题带来的挑战，寻求在全球治理体系中更好地促进营商环境的优化。

（四）监测和评估贸易政策

WTO 定期对成员国的贸易政策进行监测和评估，以确保其符合 WTO 规则和承诺，这有助于发现和纠正不利于营商环境的政策和措施。WTO 为发展中国家提供技术援助和培训，帮助其提高贸易政策制定和实施能力，推动发展中国家更好地融入国际贸易体系，改善营商环境。

四、国际货币基金组织

国际货币基金组织（International Monetary Fund, IMF）通过提供政策建议、资金和技术援助，鼓励并推动成员国进行经济结构改革、金融部门改革以及宏观经济稳定政策的实施，这些都会对各国的营商环境产生积极效应。

（一）政策监督和咨询

IMF 通过其定期的经济监测和政策咨询服务（例如第四条款磋商），引导成员国进行财政、货币和结构性改革，其中就包括那些有助于增强商业活动和投资吸引力的改革，比如简化税收系统、降低企业成立成本、改善基础设施、提升法律制度的透明度和执行力等。

（二）贷款项目与条件性援助

当成员国面临经济危机或需要改革时，IMF 往往会提供贷款支持，并附加一系列改革条件。这些条件通常要求接受援助的国家改进其经济管理，包括采取优化营商环境的措施等，以吸引外资、刺激私营部门发展和增强经济韧性。

（三）技术支持与全球政策对话

IMF 通过技术援助和培训项目，帮助发展中国家和转型期经济体建立和完善金融体系、法律框架以及公共财政管理。IMF在促进营商环境改革方面的努力体现在其广泛的政策建议和国际合作中，通过多种途径支持成员国提升经济竞争力，营造稳定、透明和可预测的商业氛围。

（四）监测评估与应对风险挑战

IMF通过定期发布的经济和金融报告，对成员国包括营商环境在内的经济金融形势进行监测和评估。这些报告通常包括各国的经济表现、政策效果、潜在风险等方面的信息，为成员国提供改善营商环境的参考依据。IMF在预防和应对金融危机方面扮演着重要角色。通过及时的财政支持和政策建议，IMF帮助成员国稳定其经济和金融市场，减少危机对营商环境的负面影响。

五、世界经济论坛

世界经济论坛（World Economic Forum, WEF）作为一个全球性的非政府组织，通过提供讨论平台、发布研究报告、倡导政策创新等方式，促进全球范围内的交流与合作，推动各国政府和企业采取行动，以构建更加开放、透明、高效和可持续的商业环境。

（一）全球议程设定和对话

WEF年会和各种区域峰会为政府领导人、企业高管、国际组织代表和专家学者提供了一个交流平台，讨论如何改善全球及各地区的营商环境。这些会议包括关于简化法规、促进投资、加强法制、提高透明度和减少腐败等议题。例如，2021年，国家发展改革委与WEF联合举办了政企交流会，以"改善企业跨国经营的生态环境"为主题，深入探讨了如何吸引外资、改善营商环境和畅通产业链供应链等问题。

（二）全球竞争力报告

WEF具有遍布世界的系统性资源、前瞻的思维模式和强大的研究能力，其每年发布的《全球竞争力报告》独具权威，世界各界广泛认可。其中，营商环境是评估国家竞争力的重要指标之一。该报告通过衡量各个国家的经济环境、公共制度、基础设施、教育健康、劳动力市场、金融市场、技术水平和创新能力等多方面因素，反映一个国家或地区促进生产力发展和经济长期增长的潜力。

（三）最佳实践和标准推动

WEF为成员国和参与企业提供了一个展示和学习其他国家成功经验的平台，通过案例研究、圆桌讨论等形式传播优化营商环境的最佳实践，讨论全球贸易、投资和数据流动的标准与规则。截至2023年底，WEF发布了主要包括经济、环境、技术、教育等领域约400个最佳案例。

（四）技术与创新促进

WEF关注新技术如人工智能、大数据、区块链等在提升政府服务效率、简化流程、打击腐败等方面的应用，促进这些技术在全球范围内的理解和应用，以优化营商环境。WEF促进公私合作（PPP），通过建立多方利益相关者的合作关系，推动基础设施建设、技术创新、教育和技能培训等领域项目的实施，这些均有助于改善长期的商业环境。

六、经济学人智库

经济学人智库（The Economist Intelligence Unit, EIU）是经济学人集团的一部分，以提供深度的国家风险分析、行业报告和管理策略建议而著称。EIU的研究和分析成果对理解全球营商环境的演变具有重要价值。

（一）国家风险评估

1990—2000年，EIU从政治稳定性、经济政策、产业结构、贸易关系、社会稳定等多个方面，对全球范围内的多个经济体，包括但不限于发达国家、发展中国家和新兴市场开展国家风险评估。评估采用一套包括定性分析和定量分析在内的综合评估方法，参考大量的数据、报告、专家意见以及实时新闻动态，形成的评估结果为每个国家提供一个综合的风险评分或评级。国家风险评估广泛应用于跨国企业的投资决策、风险管理、市场拓展等方面。通过了解目标国家的风险水平，企业可以制定更加合理和有效的商业计划，降低投资风险，提高投资回报率。

（二）专题报告

2010年起，EIU开始发布更多的专题报告和白皮书，探讨特定领域的营商环境，比如数字化转型、创新政策、可持续发展对企业运营的影响等。这些报告帮助企业理解不断变化的商业环境，并指导它们如何适应这些变化。

（三）经济韧性研究

面对全球贸易紧张、地缘政治风险上升、气候变化等不确定性因素，EIU加大了对经济韧性和可持续性方面的研究，分析国家和企业如何通过政策调整、技术创新和国际合作来优化营商环境，以抵御外部冲击和促进长期增长。

七、共性问题与挑战

在推动各国优化营商环境的进程中，国际权威组织与有关机构固然发挥了不可或缺的积极作用，但同时也遭遇了一些共性问题与挑战。

（一）关注的重点不同

不同国际组织或机构在理事会架构与投票权分布方面均具备独特的组织架构，以反映不同利益群体的诉求。这些组织或机构在优化营商环境方面的理解、目标设定、关注重点及所采取的措施均存在显著差异。因此，它们所发布的营商环境报告侧重点不同，结果呈现出多样性，很难全面契合各国特定的实际情况。

（二）所提建议落地难

国际组织中的成员国众多且国情不同，在制定框架协议时往往无法达成共识。国际组织发布营商环境报告的建议能否落地，完全取决于被评估国政府的主观态度。在落实国际组织提出的优化建议过程中，各国政府出于利益纷争和政治考量，需要耗费很长的时间进行审议和修改，从而错失改革机遇。一些发展中国家缺乏必要的资金和技术支持，导致改革措施难以顺利推进。

（三）评价标准不够透明

不同的国际机构提出了多种评估指标来衡量营商环境，其中一些国际组织并未公开具体的标准和规则。这种不透明性在指标设计、数据采集、成果应用等多个环节均有体现，导致大部分国家在实施改革时面临方向不明确、定位不精准等困境，难以在实际操作层面得到提升优化。

（四）评估的创新性不够

随着数字技术、人工智能的快速发展，信息数据采集、清洗、分析等较传统的方式已有巨大改变，现有国际组织机构的评价框架、规则、方式往往滞后于现实需求。国际组织在应对这些新挑战时，需要更快地调整策略和规则，以提高评估的包容性。

针对上述问题，国际组织和机构需要充分发挥自身的组织优势和影响力，持续地呼吁成员国和被评估国家及地区增强政策协调性，提高透明度，加强能力建设，并注重包容性和可持续性，以确保优化营商环境的措施能够得到有效实施并惠及所有参与者。

执笔人：谢晓波　王宁江　庄跃成　郑怡

第二章
我国优化营商环境的历史演变

CHAPTER 2

我国营商环境建设始终伴随着改革开放这条主线，是党和政府坚持解放思想、深化改革开放的生动实践。纵观40多年的改革开放发展史，从提出"以经济建设为中心"到党的十八大全面深化"放管服"改革，从中国加入世界贸易组织到"一带一路"倡议获得全球140多个国家响应和参与，经历了起步、探索、融合、优化和创新五个阶段，我国在优化营商环境方面探索出了行之有效的特色路径。

第一节　起步阶段（1978—1992年）

1978年12月，党的十一届三中全会召开，改革开放拉开序幕，计划经济逐渐被打破，市场经济萌发。国家破除了所有制问题上的传统观念桎梏，为非公有制经济发展打开了大门。1979年2月，一份党中央、国务院批转的报告提出，各地可根据市场需要，在取得有关业务主管部门同意后，批准一些有正式户口的闲散劳动力从事修理、服务和手工业者个体劳动。这是国家文件中第一次对个体户的地位给予认可。1980年12月，温州市工商行政管理局发出了全国第一张个体户营业执照。1981年6月，党的十一届六中全会通过了《关于建国以来党的若干历史问题的决议》，正式提出"必须在公有制基础上实行计划经济，同时发挥市场调节的辅助作用"。1984年10月，党的十二届三中全会通过了《中共中央关于经济体制改革的决定》，明确提出我国的社会主义经济是在公有制基础上的有计划的商品经济；改革的基本任务是建立起具有中国特色的、充满生机和活力的社会主义经济体制，促进社会生产力的发展。这一时期，我国逐步放开计划分配管理体制，启动价格形成机制改革。同时，国内要素市场开始发育，劳动力、产权、证券等市场起步探索。在法律层面，1988年4月的《中华人民共和国宪法修正案》规定：国家允许私营经济在法律规定的范围内存在和发展。私营经济是社会主义公有制经济的补充。国家保护私营经济的合法的权利和利益，对私营经济实行引导、监督和管理。

对外开放领域主要围绕吸引外资展开，通过对外资企业提供土地、劳动力、税收等方面优惠政策，破除外商企业发展制度障碍，从而引进外商的资金、技术和管理模式，促进经济社会发展。1979年7月，中共中央、国务院批转广东省委、福建省委关于对外经济活动实行特殊政策和灵活措施的报告，决定在深圳、珠海、汕头和厦门试办特区。1980年5月，中共中央、国务院批转《广东、福建两省会议纪要》，正式将"特区"定名为"经济特区"。改革开放之初，在缺少对外经济交往经验、国内法律体系不健全的情况下，设立经济特区为国内的进一步改革和开放、扩大对外经济交流起到了极为重要的作用。1990年4月，党中央、国务院同意上海市加快浦东地区的开发，在浦东实行经济技术开发区和某些经济特区的政策。开发上海浦东，向国内外发出了继续坚定不移坚持改革开放的强烈信号。此后，上海浦东很快成为外商洽谈投资的热土。开发浦东，也掀起了长江流域对外开放的热潮，许多外商在长江流域寻求合作机会，为下一步长江流域主要城市的对外开放奠定了基础。

客观地看，这一阶段我国的计划体制仍然起着较大作用，但社会主义市场经济理论已具雏形。改革开放的一些举措在一定程度上提升了市场在资源配置中的作用，也激发了部分市场经营主体的积极性。

第二节　探索阶段（1992—2001年）

1992年10月，党的十四大首次提出了建立社会主义市场经济体制。20世纪90年代初，东欧剧变，苏联解体，世界两极格局瓦解。同时，国内原有的计划经济体制已经无法完全适应社会主义市场经济改革和发展的要求。面对国内外的多重挑战，关于市场经济是否具有制度属性、是否应该进行市场化改革的讨论又重新开启。在这关键历史当口，邓小平同志立足中国实际，在1992年的南方谈话中指出："计划经济不等于社会主义，资本主义也有计划；市场经济不等于资本主义，社会主义也有市场。计划和市场都是经济手段。"同年10月召开的党的十四大明确指出，我国经济体制改革的目标是建立社会主义市场经济体制，要在坚持公有制为主体、多种经济成分共同发展的基础上，建立现代企业制度和全国统一开放的市场体系。1997年9月，党的十五大指出，公有制为主体、多种所有制经济共同发展，是我国社会主义初级阶段的一项基本经济制度。公有制经济不仅包括国有经济和集体经济，还包括混合所有制经济中的国有成分和集体成分。国有经济起主导作用，主要体现在控制力上。公有制实现形式可以而且应当多样化，非公有制经济是我国社会主义市场经济的重要组成部分。

在这一阶段，市场经济法律体系建设得以快速推进。1993年3月《中华人民共和国宪法修正案》规定了"国家实行社会主义市场经济"，"国家加强经济立法，强调宏观调控"。1993年11月，党的十四届三中全会审议通过《中共中央关于建立社会主义市场经济体制若干问题的决定》，把党的十四大提出的经济体制改革目标和基本原则进一步具体化，制定了建立社会主义市场经济体制的总体规划，其基本框架为：在坚持以公有制为主体、多种经济成分共同发展的基础上，建立现代企业制度、全国统一开放的市场体系、完善的宏观调控体系、合理的收入分配制度和多层次的社会保障制度。1994年7月开始实施的《公司法》，为建立现代企业制度、保障投资者合法权益奠定了基础。我国经济体制改革开始向着建立社会主义市场经济体制的目标整体推进。

同时，对外开放加速向纵深推进，全方位区域开放格局基本形成。党的十四届三中全会明确提出，要发展开放型经济，进一步强调"坚定不移地实行对外开放政策，加快对外开放步伐"。1998年8月，国家决定将对外开放特惠政策推广至5个长江沿岸城市，东北、西南和西北地区13个边境市、县，以及11个内陆地区省会城市，在20世纪80年代形成的沿海开放的基础上，推进形成由南向北、由东向西的开放格局，在更大范围、更深层次上进一步开放，使广大内陆地区在我国经济发展中发挥更大作用。积极实施"引进来"和"走出去"战略，1992年以前，我国实际利用外商直接投资额度还不足10亿美元，到2000年已经增长为41亿美元；货物进出口贸易总额也由1992年的9120亿元增长到了2000年的39273亿元，实现了质的飞跃。到2001年底，我国累计参与境外资源合作项目195个，总投资46亿美元；累计设立各种境外企业6610家，其中，中方投资84亿美元。

第三节 融合阶段（2001—2012年）

2001年，我国正式加入世界贸易组织（WTO），开启了全面融入全球化的进程，亦使营商环境对标世界成为可能。为了更好地增强市场活力，我国坚定不移地推进改革开放，在营商环境建设方面对标国际规则，通过不断完善法规制度，逐步融入全球多边体系。

在入世初期，我国营商环境建设主要围绕市场准入、税制改革和履行入世承诺，以开放促改革展开。2001年9月，国务院成立行政审批制度改革工作领导小组，标志着行政审批制度改革在全国拉开序幕。改革内容从最初对标世贸组织要求的国民待遇、市场准入、公平竞争规则，发展演变为根据企业需求简化各种审批手续和流程，改革成效较为明显。从2002年到2012年的10年间，国务院分六批共取消和调整了2497项行政审批项目，占原有总数的69.3%，投资者办事效率明显提升，营商环境得到了较大的改善。这一阶段，税制改革主要从降低税负和公平负担两方面稳步推进。降低税负主要体现在以减轻纳税人负担为特征的增值税转型、提高个人所得税起征点等方面，公平负担则主要体现在统一了内外资企业税费制度。特别是2008年新《企业所得税法》的实施，将内外资企业所得税法正式合并，成为当时最受瞩目的改革事件。

2005年，《国务院关于鼓励支持和引导个体私营等非公有制经济发展的若干意见》出台，这是新中国成立以来第一部以中央政府名义发布的鼓励支持和引导非公有制经济发展的政策性文件，在放开市场准入方面有了重大突破。但由于种种原因，该意见在全国范围内的落实程度存在差异。

在对外开放领域，至2004年底，零售行业基本实现了全面对外开放。2004年4月新修订的《中华人民共和国对外贸易法》颁布实施，将对外贸易经营者的范围扩大到依法从事对外贸易经营活动的个人，外贸经营权得以全面开放。同年6月，商务部制定的《对外贸易经营者备案登记办法》，规定了从事货物进出口或者技术进出口的对外贸易经营者应当办理备案登记，外贸经营权开始由审批制转为备案制。2006年3月，商务部将绝大部分外商投资商业企业的审批权下放到省级商务部门，为服务贸易领域外商投资进一步提供了便利。同年8月，国家六部委出台《外国投资者并购境内企业的规定》，进一步放宽并购门槛。

总体来看，这一阶段的创新与开放，不仅推动了改革的深入，也促进了中国市场体系的快速发展与日益完善。

第四节　优化阶段（2012—2022年）

党的十八大以来，中央高度重视优化营商环境，全面启动深化改革和机制创新，从"非禁即入""优化流程""减少干预"三方面重点发力，营商环境工作按下"加速键"。从党的十八届三中全会通过的《中共中央关于全面深化改革若干重大问题的决定》首次提出"推进国内贸易流通体制改革，建设法治化营商环境"，到党的十八届五中全会进一步明确营商环境"法治化、国际化、便利化"建设目标；从习近平总书记在2015年调研东北地区等老工业基地振兴时强调要坚决破除体制机制障碍，进一步简政放权，优化营商环境和2017年7月在中央财经领导小组第十六次会议上强调要营造稳定、公平、透明的营商环境，到李克强总理在2017年全国深化"放管服"改革电视电话会议上做出"营商环境就是生产力"的重要论断和2018年将"营商环境"首次提上国务院常务会议首要议程，营商环境建设成为中央政府治理的新内容、新手段。2019年10月，在系统总结近年来我国优化营商环境改革成果和成熟经验的基础上，国务院颁布《优化营商环境条例》，这是我国优化营商环境领域第一部专门行政法规，也是社会主义市场经济体制改革的一项重要制度成果。

在这一阶段，地方政府对营商环境建设的重视程度达到了前所未有的高度。很多地方有关营商环境改革的领导小组开始升级，由党政一把手担任领导小组组长，亲自抓改革，亲手抓营商环境。在推进"放管服"改革、优化营商环境过程中，各级政府在降低市场准入门槛、培育和发展市场经营主体等方面采取了很多措施，松绑减负市场经营主体，激发了企业能动性和创造性。

首先，非禁即入。实行了全国统一的市场准入负面清单制度，不断丰富"法无禁止皆可为"的管理理念。各级政府（部门）不断出台政策，明确在招标投标、政府采购、各类生产要素和公共服务资源使用等方面，对各类市场经营主体不得设置歧视性政策和障碍。各类市场经营主体在更多的领域实现了权利平等、机会平等、规则平等。

其次，优化流程。从2013年开始，我国开始推动商事制度改革，取消了注册资本的最低要求，改"实缴制"为"认缴制"，由"先证后照"改为"先照后证"，改企业年检为年报，同时大力推动"多证合一"，优化流程，减少企业注册程序和时间。全面推行了证明事项和涉企经营许可事项告知承诺制，缓解企业和群众办证多、办事难问题。根据世界银行的《营商环境报告》，我国的"开办企业"指标排名从2014年的第158位提升至2020年的第27位。

最后，减少干预。2013年，国务院部门各类审批达1700多项，企业办事面临门槛多、手续繁、收费高、周期长、效率低等问题，严重抑制市场活力，还容易导致权力寻租、滋生腐败。为此，国务院提出以壮士断腕的决心和勇气向市场和社会放权，郑重承诺减少行政审批事项三分之一以上。2016年，这一承诺目标提前完成。截至2016年5月，国务院部门已经取消和下放行政审批事项618项，占原有审批事项的36％，非行政许可审批彻底终结。经过多年简政放权改革，已削减的国务院各部委行政审批事项数量超过50％，取消中央指定地方实施行政审批事项超过30％，清理规范国务院部门行政审批中介服务事项超过70％，中央层面核准的企业投资项目压减90％，同时，实施了企业简易注销登记，企业破产清算和重整等法律制度进一步完善，企业注销网上服务平台搭建完成，多元化市场退出机制初步建立。这一阶段还先后出台了一系列税收优惠政策，不断扩大营改增试点范围，砍掉大部分行政审批中介服务事项，取消、停征、减免一大批行政事业性收费和政府性基金，减轻企业负担。

第五节　创新阶段（2022年至今）

随着党的二十大召开，全党全国各族人民迈上了全面建设社会主义现代化国家新征程。我国聚焦一流营商环境建设，采取了一系列创新举措，不少省份和地区将优化营商环境纳入当地党委、政府的一号工程。

党的二十大报告指出："优化民营企业发展环境，依法保护民营企业产权和企业家权益，促进民营经济发展壮大。完善中国特色现代企业制度，弘扬企业家精神，加快建设世界一流企业。支持中小微企业发展。深化简政放权、放管结合、优化服务改革。构建全国统一大市场，深化要素市场化改革，建设高标准市场体系。完善产权保护、市场准入、公平竞争、社会信用等市场经济基础制度，优化营商环境。""稳步扩大规则、规制、管理、标准等制度型开放。推动货物贸易优化升级，创新服务贸易发展机制，发展数字贸易，加快建设贸易强国。合理缩减外资准入负面清单，依法保护外商投资权益，营造市场化、法治化、国际化一流营商环境。"改革开放仍然是我国未来优化营商环境的基本导向。

2022年3月，《中共中央国务院关于加快建设全国统一大市场的意见》提出要加快营造稳定公平透明可预期的营商环境。以市场主体需求为导向，力行简政之道，坚持依法行政，公平公正监管，持续优化服务，加快打造市场化法治化国际化营商环境。

降低制度性交易成本是减轻市场主体负担、激发市场活力的重要举措。2022年9月，《国务院办公厅关于进一步优化营商环境降低市场主体制度性交易成本的意见》提出了进一步破除隐性门槛，推动降低市场主体准入成本等五个方面23条政策措施，并明确了国务院部门分工和工作推进时间节点。

2023年6月，国务院常务会议强调要把打造市场化、法治化、国际化营商环境摆在重要位置。坚持问题导向，聚焦企业反映的突出问题，从企业实际需求出发，在放宽市场准入、促进公平竞争、保护知识产权、建设统一大市场等方面，分批次加快推出针对性强、含金量高的政策措施，并通过深化营商环境重点领域改革，切实增强政策有效性。

2023年7月，《中共中央国务院关于促进民营经济发展壮大的意见》提出要坚持社会主义市场经济改革方向，坚持"两个毫不动摇"，加快营造市场化、法治化、国际化一流营商环境，同时要完善中国营商环境评价体系，健全政策实施效果第三方评价机制。

这一时期，我国发展面临的形势错综复杂，一方面外部风险挑战增多，地缘政治风险加大带来外部不确定性，全球经济增长动能不足，全球产业链供应链加快调整重构，全球产业链供应链本地化、区域化发展更趋明显，区域价值链体系加快形成，我国全球产业链供应链地位面临削弱风险。另一方面，国内周期性、结构性矛盾并存。有效需求不足，外需恢复仍存在较多不确定性，稳定出口压力较大；居民就业增收预期偏弱，消费能力受到抑制；投资增长面临制约，房地产开发投资呈下降趋势。部分行业产能过剩，一些领域存在重复建设，受订单不足、库存偏高、成本高企等影响，企业生存发展面临较大压力。国内大循环存在堵点，制度型开放还需加力，全国统一大市场建设隐性壁垒仍待破除，要素有序流动仍受到制约。面对复杂严峻的国内外环境，党中央、国务院出台了一系列政策措施，加大改革开放力度，深化市场化改革，更加注重制度建设，建立健全法制体系，加强知识产权保护，降低企业负担，促进市场公平竞争，增强国际竞争力，营商环境持续优化，高水平社会主义市场经济体制不断完善，我国经济展现出抵御风险、应对考验的强大韧性，并将不断释放高质量发展的强劲动力。

第六节　我国优化营商环境演变的规律

自改革开放以来，我国优化营商环境是逐渐演变的，不同的阶段具有不同的特征，但在演变的过程中，呈现出一些规律性的特征。

首先，对营商环境范畴的认识经历了从"窄"向"宽"的转变。从最初的主要关注招商政策优惠等狭义规制环境，转变为涵盖企业全生命周期的系统观念。这一转变体现了对营商环境全面性、综合性的认识提升，强调了包括制度、法律、文化、社会等多个方面在内的整体商业环境。

其次，对营商环境构成要素的理解经历了从"硬"到"软"的升级。早期，人们更多地将交通、通信、水电等基础设施以及人力资本、生态环境等硬件层面的要素视为营商环境的关键。而随着经济的发展，制度、产业配套、社会治理、文化等软环境要素开始被看作影响商事主体经营的重要部分。这一变化标志着对营商环境内涵的深层次理解和重视。

再次，营商环境的服务对象经历了从"外"到"内外并重"的拓展。在20世纪80、90年代，优化营商环境的主要目的是为外资企业降低成本、便利办事等提供服务。而现在，重点转向了内外资企业平等、各种所有制企业公平竞争、统一大市场的塑造等，以促进更广泛的经济发展和创新。

最后，营商环境优化的主要抓手经历了从招商引资到全方位"放管服"改革的深化。过去，优化营商环境的措施主要集中在土地要素支持、厂区基础设施、减免税收、提供财政补贴等招商引资优惠待遇上。而现在，政府职能改革"放管服"成为主线，这包括简化行政程序、推进数字化改革、健全法规体系、提高行政效率、优化服务质量等方面，以打造更加公平、透明和高效的市场化、法治化、国际化一流营商环境。

我国在不断深化对营商环境的认识和改革中，逐步建立起更加全面、高效和有利于各类企业发展的营商环境。这些改革措施不仅有助于吸引外资，还能促进国内企业的创新和发展，进而推动经济社会的持续健康发展。

执笔人：庄跃成　王宁江　谢晓波

PART 2

第二篇 理论篇

第三章
优化营商环境理论研究进展

CHAPTER 3

第一节　古代营商环境实践和萌芽

一、中国古代

商业的起源可以追溯至人类社会早期的商品交换活动。原始社会中，随着生产力的发展和社会分工的初步形成，人们开始有了剩余产品，进而产生了以物易物的商品交换行为。《易经·系辞下》记载："日中为市，致天下之民，聚天下之货，交易而退，各得其所。"这里提到了市场交易的概念，让我们可以间接地联想到物物交换的情形。这种最初的交换活动可以视为商业和营商的萌芽。

"商人"的起源可以追溯到商朝，其名称与历史上的商族有着密切的联系。商族是一个历史悠久的氏族部落，其发源地一般认为是在今河南商丘地区，这里是商族的早期聚居地。商族的始祖契，相传因协助大禹治水有功，被封于商地。商族在商朝时期，尤其是商朝的建立者成汤时期，达到了鼎盛。商代社会随着青铜器的制作技术发展，手工业开始专业化，商业也随之初具规模。商族人王亥（商族的一位重要人物），被记载为最早从事长途贩运和贸易的代表之一，他驯化牛只用于运输货物，促进了商业活动的发展。这些商业活动不仅限于商族内部，还包括与周边部族乃至更远地区的贸易。

周朝取代商朝后，商族遗民被分散到各个诸侯国，其中分配给郑国的遗民继续从事商业活动，这可能强化了"商人"这一名称与商业活动的关联。在《左传·昭公十六年》中有关于郑国如何对待这些商族遗民并允许他们从事商业的记载。因此，"商人"一词最初指代商族从事商业活动的人，后来逐渐泛指所有从事商品交换活动的人。这一演变过程不仅反映了商业活动的起源和发展，也体现了中国古代社会结构和经济形态的变化。

西周时期，市场管理制度"工商食官"形成，手工业和商业由官府控制。春秋战国时期，社会变革促进了商品经济的发展，出现了私营工商业者和商人阶层，如春秋时期的范蠡就是著名的商人。货币经济开始兴起，金属货币如刀币、布币等得到广泛使用。战国时期，由于手工业和商业进一步发展，商人在社会生活中的作用日益显著。《诗经·卫风》中"氓之蚩蚩，抱布贸丝"一句，描述了古老的物物交换情景。秦统一货币和度量衡，为商业交流提供了便利，促进了与西域的贸易往来。《史记》在《货殖列传》中较为详尽地记录了汉代及其以前的商业活动，涉及众多与贸易、经济相关的社会现象和历史人物。魏晋南北朝时期虽然战乱频繁，但南北经济交流仍然活跃，商业城市如长安、洛阳等成为区域中心。

唐朝，商业活动相较于以往朝代有了显著飞跃，成为唐朝盛世不可或缺的支柱。首先，政策环境的微妙调整。唐朝虽沿袭"重农抑商"

的传统国策，在实践中却悄然推行了一系列利好商业的改革。特别是庄田制的推广，加速了土地的商品化转型，为商业的飞跃式发展提供了肥沃土壤。其次，城市商业的蓬勃兴起。长安、洛阳等大都市蜕变为中国乃至世界的商业中心，东西两市繁华喧嚣，商品种类繁多，国内外贸易往来频繁，展现了唐朝商业活动的繁荣景象。再者，唐朝在国际贸易领域同样书写了辉煌篇章。得益于丝绸之路的畅行无阻，不仅大量异域商品涌入，丰富了国内市场，中国特产如丝绸、瓷器等亦大规模外销，构建起一个横贯欧亚的庞大贸易网络，陆上和海上丝绸之路的贸易达到鼎盛。

宋朝是中国历史上商业发展的一个高峰，出现了世界上最早的纸币"交子"，海外贸易繁荣，泉州、广州成为重要港口，其繁荣背后的原因多元且互为支撑。一是政府的积极政策导向，宋朝实施了一系列激励商业的举措，诸如减免商税、推动市场自由化、加强商人权益保障，这些政策为商业活动的兴盛铺设了道路。二是南宋政治中心转移至临安，不仅加速了临安城的崛起，使其商业繁华超越前朝东京，还带动了南方地区的整体繁荣，体现了地域经济重心变迁对商业发展的深刻影响。三是社会风气的演变不容忽视，南宋社会各阶层普遍倾向于消费与享受，从皇族显贵到黎民百姓，均追求生活品质与文化品位的提升，这一趋势极大地刺激了商品多样性和服务业的扩张，特别是在餐饮、娱乐、手工艺品等领域，市场活力显著增强。

在政府的支持下，元代的工商业和对外贸易借助于先进的交通网络和货币体系，以及开放的贸易政策，实现了空前的繁荣，对内经济的多元化发展，对外与世界各地的联系和交流加强。元代农业和手工业的快速发展为工商业的繁荣奠定了基础。农业生产技术的改进和灌溉系统的推广提高了农作物产量，而手工业如纺织、瓷器、冶金等行业也因技术革新而更加兴旺。元朝建立了四通八达的交通网络，包括陆上驿站制度和水运的改善，极大地促进了商品的流通。同时，纸币（主要是钞票）作为统一的货币在全国范围内流通，便利了商业交易。元代商业活动分为官办、私营和混合型等多种形式。官府对一些关键商品如盐、铁实行垄断经营，但私营商业仍然活跃，中小商人遍布城乡，参与各种商品的生产和销售。商业城市兴起，元大都（今北京）、杭州、苏州、泉州等成为重要的商业中心，尤其是泉州，作为当时世界上最大的国际贸易港，其繁荣程度标志着元代海外贸易的高峰。元代的海上丝绸之路贸易发达，与日本、朝鲜、东南亚、印度、阿拉伯半岛、非洲甚至欧洲都有着频繁的经济和文化交流，中国输出的商品主要包括丝绸、瓷器、茶叶、铁器和铜钱等，而进口商品则有香料、珠宝、药材、象牙等。此外，元代还促进了科技文化的交流，如火药、印刷术传入欧洲，对世界历史产生了深远影响。

明朝见证了商业活动的显著增长，其特点体现在多个层面。一是朱元璋推行的轻徭薄赋政策，使得农民负担减轻，农业生产力提高，农副产品出现富余，这为商品的生产提供了丰富的物质基础，同时，朱元璋禁止"和雇"与"和买"时剥削商人，确保商人在交易中的公平权益，这些保护商民利益的措施有效地推动了商业活动的发展。二是货币体系经历了深刻变革，从早期推出"洪武通宝"货币和尝试发行"大明宝钞"纸币到后来将白银作为核心货币单位，解决了货币不充足问题，减少了交易中因货币贬值而带来的风险，增强了交易的稳定性，这一转变标志着中国货币史的关键节点。三是明朝的海上贸易经历重大的转折，从早期的海禁政策到后来的开放海禁、郑和下西洋，特别是隆庆开关政策的实施，一系列政策极大地激发了南洋与西洋贸易的活力，使得丝绸、瓷器、茶叶等商品广泛出口至欧洲、美洲，海洋丝绸之路的复兴不仅是贸易线路的拓宽，也是全球经济互动加深的体现，海外贸易进入一个新时期，明朝出现一个全面开放的局面，为大明帝国积累了巨大财富。

清朝，特别是康熙、雍正年间，对外政策持较开放姿态，而至乾隆时期，这一政策转为封闭，标志性的闭关锁国策略被严格执行，限制了本国与外界的交流。在此背景下，清朝商业发展展现出独特风貌。一是市镇与商业网络遍地开花，清朝时期，商业市镇在全国范围内迅速扩张，尤以江南区域如苏州、杭州、南京、扬州等地最为突出，这些城市因工商业的高度繁荣而成为国家经济的心脏地带。二是商帮的兴起影响深远，此时期涌现了诸如晋商、徽商、闽商、粤商等在内的十大知名商帮，它们在不同行业领域内确立了领导地位，有的甚至操控着跨地域乃至跨国的贸易动脉。三是资本主义的萌芽，特别是江南地区的市镇经济和私营手工业十分发达，江南丝织与棉纺织行业中雇工制度的形态初步显现，预示着早期资本主义的萌芽。然而，受限于根深蒂固的封建制度框架及政府对于变革的保守态度，这一新兴的经济形态未能充分发育，其成长之路受到了严重阻碍。

19世纪中叶后，随着鸦片战争的爆发，外国势力的入侵迫使中国门户开放，传统工商业受到冲击，同时，洋务运动的兴起推动了近代工业的萌芽，民族工商业开始尝试转型。

从中国历代工商业和对外贸易发展的历程看，有五个重要特征。一是官府控制与民间发展并存。古代中国工商业在很长一段时间内受到官府严格控制，但民间私营工商业仍能顽强发展。二是重农抑商政策。尽管商业有所发展，但封建社会长期推行的重农抑商政策限制了工商业的进一步壮大。从秦汉直至明清，重农抑商政策贯穿了整个封建社会，成为中国古代经济政策的核心特征。三是货币与市场逐步完善。从早期的实物交换到金属货币的普遍使用，再到纸币的发明，货币经济逐渐成熟；同时，市场规模不断扩大，商业网络遍布全国。四是内外贸易起伏。历朝历代中国既有活跃的国内外贸易，如陆上丝绸之路和海上丝绸之路，也有因政策限制导致的贸易萎缩时期。五是技术创新与经济多样性。在手工业领域，不断有技术创新，如陶瓷、丝织品等成为享誉世界的商品。不同地区形成了各具特色的工商业，如江南丝绸、景德镇瓷器等，体现了地域经济的多样性。

中国古代工商业文明经历了从萌芽到兴盛，再到近代转型的复杂历程，展现了其独特的发展轨迹和特征。

二、西方古代

古苏美尔文明泥板文书（约公元前3400年）详细记录了商品交换的场景。当时，泥板是一种信用工具，在商品尚未准备好或需要延迟交付时，买卖双方会在泥板上刻下交易内容，以此作为双方交易的凭证。这种方式极大地促进了远程贸易和跨季节交易的进行。苏美尔人的贸易往来，对西亚、北非乃至欧洲经济繁荣和文明发展产生深远影响。

古希腊的海洋文明是西方商业的摇篮。由于地理条件限制，许多希腊城邦无法依赖农业自给自足，这促使他们向海洋寻求生存和发展，从而发展了航海技术和海上贸易。岛屿众多、海岸线曲折的环境促使如雅典、科林斯等城邦成为重要的商业中心。这些城邦不仅进行商品交换，还传播思想、文化和技术，为后来的商业法律和实践奠定了基础。

在古罗马时期，商业活动占据着重要的地位，并随着罗马帝国的扩张和内部政治经济制度的演进而不断发展。一是扩张与交通网络，罗马通过不断的军事征服，建立起庞大的帝国疆域，这极大地拓展了商业活动的空间范围。罗马的道路系统四通八达，连接各个省份和重要城市，使得货物运输更为便捷，促进了国内和国际的贸易往来。二是内外贸易活跃，涵盖了农产品、奢侈品、手工艺品等多种商品。罗马依靠其广阔领土内的农作物，如埃及的谷物、北非的橄榄油、高卢的葡萄酒等，满足帝国的粮食需求，同时也将罗马制造的商品销往各地。三是港口优势明显，罗马拥有多个重要的海港，如奥斯蒂亚、贝内文托和迦太基等，这些海港成为帝国对外贸易的关键节点，推动了地中海沿岸及黑海、红海等地区的海上贸易。

在古埃及，尽管国家实行相当程度上的经济管制和对资源的管控，但商业活动仍然活跃，这对于维持国内和国际的物资流通至关重要。一是地理位置优越，古埃及地理位置独特，地处亚非大陆交界处，连接东西方文明，特别是通过西奈半岛与西亚地区的贸易路线十分关键，此外，尼罗河的水路通道优势使得商品能够沿河运输，促进了南北贸易。二是商业活动比较普遍，商人阶层在古埃及时期存在，他们通过长途贸易获取利润，贩运的商品包括谷物、布匹、奢侈品（如香料、宝石、黄金等）、手工艺品以及外国进口产品。三是计量与货币制度有支撑，随着贸易的发展，古埃及制定出一套计量体系以支持商业活动，从最初的物物交换逐渐过渡到使用货币和标准化的度量衡。

在古巴比伦时期，商业是社会经济生活中的核心环节，由于地处两河流域（幼发拉底河与底格里斯河之间），古巴比伦王国的地理位置使其自然而然地成了重要的贸易枢纽。一是地理位置优势，古巴比伦位于中东地区的核心地带，丰富的自然资源和肥沃的土地使其农产品丰富多样，如小麦、大麦、葡萄、橄榄等，这些产品为国内外贸易提供了物质基础。二是贸易网络发达，古巴比伦建立了广泛的贸易网络，与周边国家和地区进行频繁的贸易往来，包括与波斯湾、印度河流域以及地中海东部的希腊殖民地等。三是法律比较完善，商业活动严格受到《汉穆拉比法典》的规定和保护，这部法典中包含了许多与商业交易相关的法律条文，如债务、租赁、借贷、契约履行等方面的规定，有效地规范了商业行为和纠纷解决。四是信用体系初步建立，个人的商业信誉和口碑在古巴比伦商业活动中具有至关重要的作用，商人之间的交易很大程度上基于信任和个人声誉。信贷、契约等市场规范的文明商业实践，对后来西方的商业文明发展有着深远的影响。

中世纪时期，随着城市的发展、商业行会的成立、货币经济的兴起以及国际贸易路线的拓展（如丝绸之路和地中海贸易），商业活动进一步繁荣。意大利的城市国家如威尼斯、热那亚和佛罗伦萨成为欧洲的商业和金融中心，推动了文艺复兴时期经济的快速发展。

西方古代商业文明具有以下重要特征。一是不同于农牧文明的海洋文明。西方古代商业文明的一个核心特征是其基于海洋的特性。特别是古希腊和古罗马文明，它们利用得天独厚的地理位置，发展了强大的航海技术和海上贸易网络，连接了地中海地区及以外的广大地区，促进了商品、技术、文化乃至思想的交流。二是城邦制度。古希腊的城邦（如雅典）是商业文明的重要载体，这些城邦往往以海洋为依托，发展出相对独立的政治和经济体系，鼓励商业活动和自由贸易。城邦内部的民主制度和法律体系为商业活动提供了稳定的环境和必要的规则。三是法律与契约精神。西方商业文明十分强调法律和契约的重要性。古罗马法对财产、合同和商业交易的规定极为详尽，为后世商业法律体系奠定了基础。这种对法律的尊重和对契约的严格执行，是商业活动中信任和秩序的基石。四是市场机制形成较早。古代西方商业文明中的市场机制较为发达，尤其是在城市和集市中，自由交易和价格形成的机制促进了资源的有效配置和经济效率的提高。信贷、汇票和早期形式的银行服务业的兴起为商业活动提供了金融支持。五是基督教的影响。在中世纪及以后，基督教作为西方社会的重要组成部分，对商业伦理、道德观念以及日常商业行为产生了深刻影响，如强调诚实、公正和慈善等价值观。这些特征共同构成了西方古代商业文明的基础，并对其后的经济发展模式、法律体系、社会组织结构及文化价值观产生了长远的影响。

西方古代商业的形成和发展是一个长期且复杂的过程，受到地理优势、生产力水平、法律制度和宗教文化等诸多因素影响，涉及多个文明和时代的交互作用，从古希腊的海洋探索到罗马法律体系的建立，再到中世纪城市的兴起，这一系列事件共同塑造了西方商业文明的基础。

第二节　现代相关理论学派研究概述

一、新公共管理理论

20世纪80年代，西方社会乃至整个世界都发生了巨大变化，公众的价值观念多元化、需求多样化，民主意识、参与意识增强。时代的变化对政府管理提出了新要求，而传统的公共管理体制僵化，行政机构规模庞大，公共预算总额居高不下，高成本、低效率问题突出。在这一背景下，突破传统公共行政学的学科界限，把当代西方经济学、工商管理学、政策科学（政策分析）、政治学、社会学等学科理论融合进公共部门管理的研究之中，以寻求高效率、高质量、低成本、应变能力强、响应力强为目标的新公共管理模式应运而生。新公共管理模式起源于英国、美国、新西兰和澳大利亚，之后迅速扩展到法国、荷兰、瑞典等欧洲国家，一些新兴工业化国家和发展中国家也陆续加入新公共管理行政改革的大潮。

J.维特科夫斯卡（2011）的研究表明："致力于营商环境改善是包括美国在内的西方资本主义国家发展经济的必要措施，改善的重点在于协调政府与市场之间的关系，在正常情况下，政府要能够正确发挥好公共管理作用，也就是既不能过度干预市场在资源配置中的基本作用，也不能任由市场经济发展。"[1]戴维·奥斯本在《改革政府》（2013）中提出，政府应该扮演"掌舵"而非"划桨"的角色，应将管理与具体运作相分离。[2]

在国内，戴长征和鲍静（2017）把探索与治理模式结合起来，通过观察数字技术带来的扁平化、公民需求回应、整体性运作等公共行政特征的变化，提出与整体性治理、网络化治理理论相整合的理论观点。[3]胡税根和翁列恩（2017）指出，在新的政府治理体系内嵌入权力

---

[1] Janina Witkowska. Foreign Direct Investment in the Changing Business Environment of the European Union's New Member States [J]. Global Economy Journal, 2011: 22-23.

[2] 戴维·奥斯本.改革政府 [M].上海：上海译文出版社，2013，6-94.

[3] 戴长征，鲍静.数字政府治理——基于社会形态演变进程的考察 [J].中国行政管理，2017（09）：21-27.

规制分析框架，不仅有助于在政治权力视阈内完善权力监督和制约机制，也有助于在公共治理视角下探索权力规范运行机制，推动法治政府和服务型政府建设。[①]马冉（2019）提出，政府的公共管理流程再造是优化营商环境的主要手段，政务服务流程再造意味着政府部门以企业需求为出发点，对政务处理流程进行全方位的创新和改造，进行营商服务的供给侧改革，提高政府部门服务提供的精准度和便捷度。[②]

二、法治政府理论

推进国家治理体系和治理能力现代化，是优化营商环境的内在要求。通过建设法治营商环境，有助于提升社会治理能力，推动经济高质量发展。党的十八大以来，以习近平同志为核心的党中央紧紧围绕深入推进依法行政、加快建设法治政府这一重大课题，形成了一系列法治政府建设的新理念新思想新战略，发展成一套内涵科学、逻辑严密、思想创新的理论体系。

卢万青和陈万灵（2018）针对营商环境对经济增长的影响问题进行研究时，建立了一个一般均衡模型，通过该模型来进行分析，结果显示，诚信制度、知识产权保护及法治环境等方面的优化有助于企业实现技术创新。[③]谢红星（2019）认为，营商环境优化的根本是法治环

---

① 胡税根，翁列恩.构建政府权力规制的公共治理模式［J］.中国社会科学，2017（11）：99-117.

② 马冉.政务营商环境研究［D］.北京：对外经济贸易大学，2019.

③ 卢万青，陈万灵.营商环境、技术创新与比较优势的动态变化［J］.国际经贸探索，2018，34（11）：61-77.

境的改善，并在此基础上研究了与法治营商环境相关的评价体系。[1]于文超等（2019）提出，通过改进法治制度、增强知识产权保护，提升企业创新的意愿，保障企业的创新成果转化，有助于企业构建核心竞争力，实现创新发展的良性循环。[2]魏红征（2019）认为，从探索负面清单管理模式到建立政府权责清单制度，从商事制度改革到深化简政放权和"放管服"改革，从打破垄断壁垒、放宽市场准入到落实产权保护、鼓励公平竞争等，一揽子法治政府建设举措相继实施，都可以更好地创造法治化营商环境，为市场经济发展保驾护航。[3]连俊华等（2019）研究发现，良好的营商环境通过保障市场各类主体的权益，提高监管执法水平以及扩展融资渠道和增加融资机会，可以缓解企业融资约束。[4]陈华平和樊艳丽（2020）从协同治理理论的角度提出优化营商环境的建议，包括建立健全多元主体协作运行机制、深入推进"放管服"改革、加强营商环境法治化建设等。[5]钱玉文（2020）从法治化建设的视角提出我国应主要从完善立法、规范执法和公正司法等方面助力营商环境的优化。[6]解洪涛等（2020）指出，执法不力会使企业坏账增加，导致企业经营负担加重；执法腐败会引起企业寻租行为，消

① 谢红星.营商法治环境评价的中国思路与体系——基于法治化视角 [J].湖北社会科学，2019（03）：138-147.

② 于文超，梁平汉.不确定性、营商环境与民营企业经营活力 [J].中国工业经济，2019（11）：136-154.

③ 魏红征.法治化营商环境评价指标体系研究 [D].华南理工大学，2019：25.

④ 连俊华，于炳刚.企业营商环境对融资约束的影响研究 [J].价格理论与实践，2019（08）：88-91.

⑤ 陈华平，樊艳丽.协同治理视阈下的营商环境建设：内在治理逻辑及优化路径 [J].南宁师范大学学报（哲学社会科学版），2020，41（02）：61-67.

⑥ 钱玉文.我国法治化营商环境构建路径探析——以江苏省经验为研究样本 [J].上海财经大学学报，2020，22（03）：138-152.

耗额外精力和资金，增加企业支出，从而影响企业经营。[1]韩业斌等（2020）认为，我国法治化营商环境存在较大差异，东西部差异较大，相较于西部来讲，东部地区位于沿海，经济发展速度快，营商环境良好，企业运营的风险和成本较低。[2]翁列恩等（2021）认为，法治化营商环境属于一种制度性质的安排，需要国家占据主导位置，从事开展投资和生产经营活动的制度建设，在一定程度上，这也是经济进化和发展的必然产物。[3]韩淑华（2021）指出，国家或地区为商事主体提供制度保障和体系建设，营商环境的法治化在一定程度上能够促进市场的良性、公平竞争。[4]叶祖慧（2023）认为，我国需要通过形成统一的法规体系，规范政府的执法行为以及健全公平竞争机制来优化法治化营商环境。[5]罗培新（2023）提出，良善的司法裁判能够有力助推营商环境的优化。[6]

三、服务型政府理论

厄斯特·福斯多夫（2000）是德国行政法学界最早提出"服务行政"（Leistungsverwaltung）概念的学者，他认为，政府的本能就是服

---

[1] 解洪涛，陈昶旭，张建顺，祝莉．营商环境影响企业经营绩效的机制研究——基于湖北省21208户企业的调查分析［J］．调研世界，2020（07）：18-24.

[2] 韩业斌，谢晓宣．我国法治化营商环境的区域差异与协调机制［J］．长春理工大学学报（社会科学版），2020，33（01）：48-53.

[3] 翁列恩，胡税根．公共服务质量：分析框架与路径优化［J］．中国社会科学，2021（11）：31-53.

[4] 韩淑华．构建营商环境新格局的法治化实践、问题及路径［J］．中国司法，2021（04）：47-50.

[5] 叶祖慧．优化营商环境的法治化路径［J］．河北企业，2023（02）：148-150.

[6] 罗培新．良善的司法裁判有力助推营商环境优化［J］．人民司法，2023（05）：22-25.

务，应该无偿、主动为社会提供公共服务。德国行政法学界"把最先提出服务行政理论，且以主张干涉行政与服务行政'并称'的福斯多夫称为创立'新行政法学'之巨擘。尤其是厄斯特·福斯多夫（2001）提出之'生存照顾'（Daseinsvorsorge）一词已系表彰现代国家行政任务重心之所在"。

在我国，"服务型政府"这一概念更多是从转变政府职能的角度进行阐述的，深刻体现了政府部门为人民服务、对人民负责和维护人民根本利益的本质。刘熙瑞和段龙飞（2004）认为，服务型政府是以服务公民为宗旨，在民本位理念基础上，维护社会民主秩序、承担法定服务责任的政府。①姜晓萍（2007）提出，"服务型政府"强调必须合理解决社会主体参与的范围和程度以及参与的途径，科学地选择参与模式，构建公正透明、运转流畅、绩效显著的参与机制，提高利益相关主体的诉求表达与政府回应之间的互动频次、效率和质量，完善现代政府民主与科学的行政决策体系。②钱锦宇等（2019）通过政府部门改革的分析角度，论证了优化营商环境的方式。③谢众等（2019）研究发现，完善的营商环境有利于实体企业的发展，企业家精神对企业绩效起到了积极影响。④陈伟伟等（2019）认为，营商环境的优化需要满

---

① 刘熙瑞，段龙飞.服务型政府：本质及其理论基础 [J].国家行政学院学报，2004（05）：25-29.

② 姜晓萍.构建服务型政府进程中的公民参与 [J].社会科学研究，2007（04）：1-7.

③ 钱锦宇，刘学涛.营商环境优化和高质量发展视角下的政府机构改革：功能定位及路径分析 [J].西北大学学报（哲学社会科学版），2019，49（03）：86-93.

④ 谢众，张杰.营商环境、企业家精神与实体企业绩效——基于上市公司数据的经验证据 [J].工业技术经济，2019，38（05）：89-96.

足各类型企业的差异化需求。[①]阳军和刘鹏（2019）从第三方视角出发，认为优化我国营商环境，从根本上讲，就是要进一步落实"放管服"工作，尤其是从"简政放权""创新监管""优化服务"三个方面来促进营商环境改善。[②]李志军等（2021）认为，我国城市营商环境在区域内和区域间发展不平衡，要进一步促进公共服务均等化建设、提升人才吸引力、促进地方创新环境改革、提升司法效率、深化"放管服"服务以进一步优化城市营商环境。[③]翁列恩和胡税根（2021）提出，公共服务质量发展的目的是公共部门向民众提供符合期望标准的公共服务，并致力于持续改进公共服务质量和提升民众满意度。[④]谭瑾和陆轩辞（2021）利用全国私营企业调查数据进行研究，发现营商环境的好坏对民营企业经营活力的影响较大，关乎民营企业未来的发展趋势与可持续发展能力，对中小规模企业的影响更是明显。[⑤]伍耀辉（2014）提出服务型政府的建设离不开政府体制的深化改革，通过优质的公共服务和公共产品切实为人民服务。[⑥]杨志勇和文丰安（2018）指出，在市场经济条件和经济高质量发展的背景下，没有优良的营商环

① 陈伟伟，张琦.系统优化我国区域营商环境的逻辑框架和思路［J］.改革，2019（05）：70-79.

② 阳军，刘鹏.营商环境制度完善与路径优化：基于第三方视角［J］.重庆社会科学，2019（02）：35-44.

③ 李志军，张世国，牛志伟，袁文融，刘琪，姜莱.中国城市营商环境评价及政策建议［J］.发展研究，2021，38（09）：56-62.

④ 翁列恩，胡税根.公共服务质量：分析框架与路径优化［J］.中国社会科学，2021（11）：31-53.

⑤ 谭瑾，陆轩辞.营商环境优化对民营企业经营活力的影响［J］.时代经贸，2021，18（12）：96-99.

⑥ 伍耀辉.构建服务型政府视域下的电子政务研究［D］.华中师范大学，2014：16.

境，经济不可能真正繁荣，现代化经济体系无从谈起，高质量发展目标也不可能实现。[1]中国行政管理学会课题组（2019）把优化营商环境作为"放管服"改革与落实的具体领域，研究认为，要进一步厘清政企、政社关系，在此基础上不断创新政府管理理念，变革政府管理方式，优化政府管理结构，提高政府管理效率。[2]张占斌（2020）、李先军和罗仲伟（2020）提出，我国的营商环境优化应突出减少审批、简化程序、合理收费、畅通融资、统一市场、放管协同、司法保护等十项重点任务。[3][4]王启珊（2021）认为，建设服务型政府的内容是由社会需求决定的，应围绕群众最关心的问题，改变传统计划经济条件下的管制型政府模式，建立一种全新的政府模式。[5]臧姗（2022）指出，改革开放以来，伴随着政府经济职能从管理走向治理，营商环境的参与主体、作用对象、实施机制以及考核动力不断发生变化。[6]史晋川和任晓猛（2023）指出，民营经济高质量发展的关键在于通过全面深化改革来推动制度创新，依法保护民营企业产权和企业家的合法权益，不断破除市场准入壁垒，持续完善公平竞争制度，审慎出台市场监管

① 杨志勇，文丰安.优化营商环境的价值、难点与策略〔J〕.改革，2018（10）：5-13.

② 中国行政管理学会课题组，张定安，鲍静.深化"放管服"改革 建设人民满意的服务型政府〔J〕.中国行政管理，2019（03）：6-12.

③ 张占斌."十四五"期间优化营商环境的重要意义与重点任务〔J〕.行政管理改革，2020（12）：4-10.

④ 李先军，罗仲伟.新时代中国营商环境优化："十三五"回顾与"十四五"展望〔J〕.改革，2020（08）：46-57.

⑤ 王启珊."放管服"改革：服务型政府建设创新〔J〕.中国报业，2021（22）：13-15.

⑥ 臧姗.政府经济治理视角下营商环境优化的历程、特点及走向〔J〕.中共四川省委党校学报，2022（01）：78-89.

政策，谨慎把握政策实施力度，为民营经济高质量发展营造良好的制度环境。[1] 郁建兴等（2023）认为，营商环境是有为政府促有效市场的重要载体，是国家或区域经济社会发展的核心竞争力。[2] 刘渊和李旋（2024）指出，以公共数据助力营商环境优化提升，要充分发挥数据作为新生产要素的价值，既着力解决企业运营的基础设施环境与各类生产要素的成本制约，实现要素"硬环境"优化，又通过政务服务、监管执法、法治保障等制度措施，完善产权保护、市场准入、公平竞争、社会信用等市场经济基础制度，为企业创造良好的制度和市场"软环境"。[3]

四、自由市场理论

自由市场理论的起源可以追溯到多个历史时期的经济学家和社会思想家的理论。亚里士多德在其著作《政治学》中探讨了市场机制和竞争的概念，虽然他的论述并未直接构建现代意义上的自由市场理论，但确实包含了对市场作为自我调节机制的认识，即市场竞争有助于市场达到一种自然平衡。英国诗人、政论家约翰·弥尔顿在《论出版自由》中首次使用了"自由市场"（free market）的概念，但此处的"自由市场"更多是指思想市场的自由竞争，而非经济市场的自由运作。弥尔顿认为真理是通过各种意见、观点之间自由辩论和竞争获得的，

---

① 史晋川，任晓猛.促进民营经济高质量发展的制度支撑［J］.国家治理，2023（16）：61-65.

② 郁建兴，高翔，谈婕.打造"让企业家有感"的最优营商环境［N］.浙江日报，2023-04-24.

③ 刘渊，李旋.挖掘公共数据要素价值 助力营商环境优化提升［N］.光明日报，2024-01-22.

而非权力赐予的。必须允许各种思想、言论、价值观在社会上自由地流通，如同一个自由市场一样，才能让人们在比较和鉴别中认识真理。将"自由市场"理论化的第一人是英国哲学家约翰·斯图尔特·密尔。他在《论自由》中进一步发展了自由市场的理念，主张人们应有权利自由发表和交流思想，认为真理会在思想市场的自由辩论中脱颖而出。这些原则虽然并非直接针对经济市场，但体现了对自由竞争原则的认同，后来被应用于经济领域。

亚当·斯密被认为是现代自由市场理论的奠基人。他在《国富论》中系统阐述了自由市场经济的理念。亚当·斯密提出了"看不见的手"理论，认为个体在追求自身利益的过程中，通过市场机制的自发作用，会无意间促进社会整体福利。他还强调了分工和专业化的重要性，以及自由贸易对于经济增长的促进作用。大卫·李嘉图继承和发展了亚当·斯密的思想，他在《政治经济学及赋税原理》中，通过比较优势理论进一步论证了自由贸易对于各国经济的益处，强化了自由市场经济学的国际贸易理论基础。

随后的经济学家如米塞斯、弗里德里希·哈耶克、米尔顿·弗里德曼等新古典自由主义者，以及芝加哥学派等进一步完善了自由市场理论，强调市场机制在资源配置中的高效性，批判过度政府干预，并倡导制定货币稳定、减税、放松管制等方面的政策以维护市场的自由运作。

自由市场理论不仅奠定了现代微观经济学和宏观经济学的基础，还引发了对市场失灵、政府角色、公共选择、产权理论、契约理论等一系列经济学分支领域的深入研究。这些理论发展既是对自由市场原则的补充和完善，也是对自由市场局限性和潜在问题的反思。

自由市场理论主张市场在没有干预的情况下，通过供需关系和竞争来实现资源的最优配置，其理论对全球许多国家的经济政策制定产生了重大影响。尤其是在二战后，许多国家在不同程度上采纳了自由市场经济的原则，减少了政府对经济活动的直接控制，推行私有化、贸易自由化、金融市场化等改革。例如，撒切尔夫人在英国、里根在美国推行的经济政策就是基于自由市场理念，旨在减少政府干预、降低税收、放松管制，以此激发企业活力和创造力，刺激经济增长。

自由市场理论认为，世界各国应该通过降低贸易壁垒和提供平等的市场机会来吸引外国投资和促进国际贸易。自由市场理论对全球贸易体系、企业运营模式、消费者行为、劳动力市场、国际资本流动等众多社会经济现象产生了深远影响。它推动了全球化进程，催生了跨国公司和全球供应链的兴起，推动了国际贸易协定和自由贸易区的建立，创造了全球范围内更开放和竞争的环境，促进了全球资源配置效率的提升。

五、公共利益理论

公共利益理论（Public Interest Theory）的兴起是一个涉及法学、政治学、经济学等多个学科领域，与社会变迁、政府职能转变以及公民意识觉醒紧密相关的复杂过程。

公共利益理论的起源可以追溯到古典共和主义思想，如古希腊的亚里士多德和古罗马的西塞罗等人。他们强调公民积极参与公共事务，共同追求城邦或共和国的整体福祉，形成了早期公共利益观念的雏形。这些思想强调公共利益高于个人私利，公民应通过协商、辩论和投票等方式，形成反映集体意愿的公共政策。

中世纪的基督教神学以及随后的自然法传统对公共利益理论有所贡献。宗教文献强调社区和谐互助和慈善，为公共利益的伦理基础提供支持。自然法学家如托马斯·阿奎那等则认为，法律应服务于普遍的、永恒的正义原则，这些原则体现着公共利益。到了近代，霍布斯、洛克等社会契约论者进一步发展了公共利益理论，将其与个人权利、社会契约和合法政府的正当性联系起来。

17世纪末至18世纪的启蒙时代，约翰·洛克、让-雅克·卢梭、伊曼努尔·康德等政治哲学家对公共利益理论进行了系统阐述。他们探讨了公共权力的来源、政府的目的、公民权利与义务等问题，提出政府应致力于保护和增进公共利益，而公共利益通常被理解为所有公民共同享有的、超越个人私利的社会福祉。民主理论的发展，特别是对代议制民主的探讨，强调了通过选举和立法程序来表达和实现公共利益的重要性。

19世纪末至20世纪初，随着工业化和城市化的快速推进，政府职能显著扩大，对社会经济生活的干预增多。行政法学和公共行政学作为新兴学科开始关注政府如何有效、公正地行使权力以实现公共利益。学者们探讨了行政权力的边界、行政程序的公正性、行政决策的透明度等问题，力图构建一套既能保护公共利益又能制约行政权力的法律框架和管理机制。

20世纪中叶，特别是在两次世界大战之后，西方国家普遍建立了福利国家制度，政府承担起提供社会保障、教育、医疗等公共服务的责任。公共政策科学应运而生，旨在通过系统的方法论来识别、分析和解决社会问题，制定和评估旨在增进公共利益的政策。这一时期，公共利益的概念更加具体化，涵盖了社会公平、经济效率、环境保护等多个维度。

进入21世纪，全球化进程加速，气候变化、资源问题、贫困和不平等、公共卫生等全球性挑战凸显。与此同时，公民社会的力量逐渐壮大，非政府组织、社会运动、公众等多元主体对公共利益的定义和实现方式提出新的见解和诉求。这促使公共利益理论进一步拓展，不仅要考虑国内层面的公共利益，还要兼顾国际公共利益和全球治理问题。

公共利益理论强调政府应该以社会的整体利益为导向，制定政策和法规。在优化营商环境中，这意味着政府需要权衡私人企业的利益与社会整体的利益。政府在制定政策时，要确保公平竞争，防止垄断，保障消费者权益，同时，也要支持企业的创新和发展。如美国司法部根据反垄断法，指控微软利用其市场主导地位打压竞争对手，限制消费者选择，损害市场竞争，法院判决微软拆分其操作系统和应用软件业务，旨在恢复市场公平竞争，保护公共利益不受垄断行为侵蚀。

公共利益理论要求政府关注政策和法规的公正性，确保全体公民的权益得到保护。如许多欧洲国家建立了覆盖全体国民的医疗保险体系，确保每个人都能获得基本医疗服务。这种制度设计体现了公共利益理论，即通过集体行动和再分配机制，确保基本医疗资源的公平分配，减轻疾病对个人及家庭经济稳定性的冲击，维护社会稳定与人类健康这一公共利益。又如印度政府通过《儿童免费义务教育权利法》（Right of Children to Free and Compulsory Education Act, 2009）立法，规定每个6岁至14岁的儿童都有接受免费义务教育的权利。这项政策旨在消除教育不平等，提高全体国民的教育水平，为经济发展储备人力资源，从而促进国家长期公共利益。政府在实施过程中，不仅要确保教育资源的有效配置，还需要克服地域、性别、种姓等社会障碍，确保所有适龄儿童都能受益。

优化营商环境应当平衡国家的经济增长与社会公正，确保各国国民从经济活动中受益。国际组织和国际贸易协定通常强调社会和环境可持续性的重要性，强调通过各国合作追求共同的经济繁荣和人民福祉，通过国际规则和组织来保障全球的公正和可持续发展。国际上公共利益理论的应用案例跨越多个领域，涉及跨国合作、国际法规、全球治理等问题。如《巴黎协定》（Paris Agreement, 2015）是全球气候治理的一个里程碑，各国承诺共同努力，将全球平均气温升幅控制在工业化前水平以上1.5℃以内，以避免气候变化带来的灾难性后果。协定体现了公共利益理论在国际层面的应用，各国在协定中自愿设定减排目标，通过资金援助、技术转移等方式支持发展中国家应对气候变化，展现了全球合作实现共同利益的实践。又如经合组织（OECD）[①]推出税基侵蚀和利润转移（BEPS）行动计划，旨在打击跨国企业通过转移定价、空壳公司等手段逃避纳税的行为，确保全球税收体系的公平性。这一计划体现了国际社会对税收公平作为全球公共利益的认可，各国合作制定和实施统一的税收规则，防止跨国公司利用税制差异规避税收，确保各国尤其是发展中国家能够获取应有的税收收入，用于提供公共服务和促进经济社会发展。这些案例展现了公共利益理论在国际事务中的应用，各国通过多边合作、制定和遵守国际规则，共同应对全球性挑战，保护和增进跨越国界的公共利益。

---

① 经济合作与发展组织（Organization for Economic Co-operation and Development），简称"经合组织（OECD）"，是由38个市场经济国家组成的政府间国际经济组织，旨在共同应对全球化带来的经济、社会和政府治理等方面的挑战，并把握全球化带来的机遇。

六、公共选择理论

公共选择理论（Public Choice Theory），又称新政治经济学或政治学的经济学（Economics of Politics），是一门介于经济学和政治学之间的新的交叉学科，兴起于20世纪中叶，其核心在于运用经济学的分析方法来解释政治决策过程和政府行为。该理论采用微观经济学的基本假设（尤其是理性人假设）、原理和方法作为分析工具，来研究和刻画政治市场上的主体的行为和政治市场的运行，期望研究结果能影响人们的公共选择过程，从而实现其社会效用的最大化。该理论将经济人假设（即假设个体是理性、自利的决策者）应用到政治领域，认为选民、政治家、官僚等都是追求自身利益最大化的个体，他们的行为受到成本与收益的权衡影响。

公共选择理论为政策制定者提供了理解和改进现有政策工具、投票机制、监管框架的分析工具，有助于设计更有效、更符合公共利益的政策。在优化营商环境中，这一理论提醒我们要警惕政府权力被特定利益团体操纵。政策制定需要透明度，决策过程要公开，以确保政策的制定和执行不受特定利益干扰。美国农业补贴政策就是一个典型例证。尽管这些补贴可能不符合经济效益，甚至导致国际贸易争端，但由于农场主和农业利益集团的强烈游说和政治献金，政策制定者往往会持续支持这些补贴，以确保选票和支持。公共选择理论解释了为何某些看似不符合公共利益的政策得以长期存在，即政策结果反映了特定利益集团的利益和政治交易的结果。公共选择理论中的寻租理论指出，政策变化可能创造租金（超额利润），吸引利益集团进行游说活动。例如，严格的环保法规可能增加污染企业的合规成本，但也可能为环保技术提供商和咨询公司创造市场机会。这些公司可能会积极游说政府维持或加强相关法规，以保护其租金来源。公共选择理论帮助我们理解法规背后的利益博弈，以及政策干预如何塑造经济结构和资源配置。

公共选择理论探讨公共物品的供应难题，特别是"免费搭车"问题导致私人市场难以有效提供。PPP（Public-Private Partnership，公私合作）模式结合了公共部门的政策导向和私人部门的效率优势，通过合同约定明确各方权责，鼓励私人资本参与公共设施建设与运营。这种模式下，政府通过特许经营权、财政补贴、使用者付费等方式与私营企业共享风险与收益，旨在提高公共物品供给效率，满足社会需求。公共选择理论为理解PPP模式的优势与局限提供了理论框架。

公共选择理论强调国际上的政策制定需要考虑各国的利益，确保国际协定和规则的公正性和平衡性，以防止特定利益集团对国际贸易和投资政策的影响。如世界贸易组织（WTO）作为全球贸易规则的制定与执行机构，其决策过程和争端解决机制深受公共选择理论影响。在波音与空客争端中，美国和欧盟互相指责对方对各自航空企业提供非法补贴，导致不公平竞争。WTO专家组和上诉机构的裁决反映了对补贴规则的解读、证据评估以及对公共利益（公平贸易环境）的界定。公共选择理论可以解释各成员国如何在多边谈判中追求国家利益、行业利益与全球贸易秩序之间的平衡，以及WTO裁决如何影响未来政策选择和国际经贸关系。

七、协同治理理论

在过去的20年间，世界各国开始逐步探索政府与企业、社会组织、公民之间跨部门协同的机制与模式以解决政府、市场及第三部门在公共事务处理过程中的"失灵"难题，由此，"协同治理"作为一种新兴的治理策略得到了发展。"协同治理"是当前公共行政领域的研究焦点之一，是在对传统公共管理模式进行扬弃和超越的基础上提出来的，一些学者甚至将"协同治理"归纳为当下公共行政理论发展过程中的一个新阶段。

从基本的发展历程来看，协同治理理论是由自然科学中的协同论和社会科学中的治理理论交叉而形成的新兴理论，该理论的核心内容为：在日常的公共生活中，政府组织、企业组织、社会组织以及公民个人等行动主体构成了一个开放的有机系统，而信息资源、知识资源、货币资源以及法律规范等要素则通过相互协调、共同作用于该系统中的诸要素，进而使得整个系统保持一种有序、高效的状态来处理社会公共事务，最终实现公共价值或公共利益最大化的基本目标。

作为实现公共目的的一种集体行动模式，协同治理能够跨越公共机构、政府等级和（或）公共、私人与民间领域的界限，建设性地实现其他方式无法达成的公共目标或更狭义地指各行动主体和利益相关方参与"正式的、以共识为导向的和协商式的集体决策过程，旨在制定或者执行公共政策，或者管理公共事务与公共项目等"，在此过程中多元行动主体可以共同制定目标和战略，并分享责任和资源。如在推进创新驱动发展战略中，政府、高校、科研机构、高新技术企业、风险投资机构等构建区域创新生态系统，通过政策引导、资源共享、产学研合作、金融支持等手段，各方协同推动科技创新及科技成果转移转化，培育新兴产业，提升区域创新能力与竞争力。

协同治理的最主要特征之一便是治理主体多样化，包括政府组织、企业组织、社会组织以及公民个人在内的行动主体等。在决策和治理的背景下，协同被定义为为一个共同的目的或政策目标而共同努力的行为，是一种"高强度"的互动模式，这种模式不仅培养了相互依存和联合行动，同时，也保留了协同各方的自主权。在现代社会系统中，由于知识和资源被不同的组织所掌握，因此，公共治理需要打破以政府为核心的权威，让其他行动主体都能在一定范围的公共治理过程之中发挥作用，力求让不同的政策行为者参与制定和实施以共识为导向的政策和管理行动。如在城市社区治理中，政府、物业公司、居民自治组织、志愿者团体、企事业单位等多方协同，共同参与社区规划、治安维护、环境美化、公共服务提供等工作。通过定期召开联席会议、设立社区基金、推行线上线下相结合的居民参与平台等方式，实现社区事务的协商决策与协同执行。

协同治理是建立在信任和合作的基础上的一种集体行为，各组织在遵守共同规则、自愿平等的前提下，强调协作应该多于竞争，以实现整体大于部分之和的效果。特别是在处理复杂的多管辖区问题的情况下，传统的、自上而下的决策与管理方法无法奏效时，协同治理要求行动者长期互动，以公开透明的方式审议并协商有争议的问题，共享资源，并最终能够协商出所有行动者与参与者都同意的解决方案。如在河流、湖泊等流域治理中，政府科研机构、环保组织、沿岸社区、企业、新闻媒体等多方共同参与，制定跨行政区域的协同治理方案。各方共享水质监测数据，共同研究污染源控制策略，企业承担环保责任，社区参与环保教育与监督，新闻媒体进行曝光，形成合力防治水体污染，恢复和保护生态系统。

八、竞争优势理论

该理论由迈克尔·波特首次提出，依据比较优势概念演化而来。波特在其著作中明确提出，各地区在自然资源禀赋上所存在的差别决定了各自的比较优势。与比较优势相比，它包含了更加多元的要素，是诸多要素相互作用的综合结果。波特用钻石模型来说明他的竞争优势理论。

波特认为，有四个因素决定一个国家某种产业的竞争力：生产要素——包括人力资源、天然资源、知识资源、资本资源、基础设施；需求条件——主要是本国市场的需求；相关产业和支持产业的表现——这些产业和相关上游产业是否有国际竞争力；企业的战略、结构、竞争对手的表现。波特认为，这四个要素具有双向作用，形成钻石体系（如图1）。

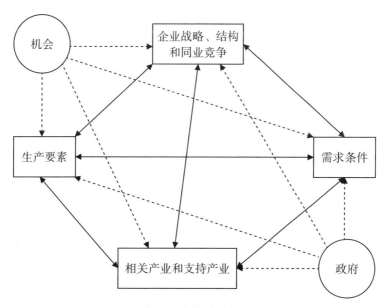

图1　由四要素构成的钻石体系

在四大要素之外还存在两大变数：政府与机会。机会是无法控制的，政府政策的影响是不可忽视的。

竞争优势理论在优化营商环境中的应用主要体现在以下几点：

第一，识别关键优势因素。竞争优势理论强调企业应识别并培育独特的、难以复制的竞争优势。在优化营商环境的过程中，政府和相关部门也需要识别和聚焦那些能够显著提升地区吸引力的关键优势因素，包括高效的行政服务、透明的法规体系、稳定的政策环境、优质的基础设施、充足的人才供给、完善的产业链配套、优惠的财税政策、友好的创新创业氛围等。通过对这些关键因素的精准把握和持续优化，地区可以在众多竞争者中脱颖而出，吸引和留住优质企业和人才。

第二，差异化策略。竞争优势理论提倡企业通过差异化战略来区别于竞争对手。同样，地区在优化营商环境时也可以运用差异化策略，根据自身的资源禀赋、产业基础、地理位置等特点，打造具有特色的营商环境。例如，某个地区可能侧重于打造科技创新高地，提供丰富的研发支持、创新孵化服务和优惠政策；另一个地区可能重点发展绿色经济，制定严格的环保标准、推广清洁能源技术和提供绿色金融支持。这种差异化策略有助于吸引特定类型的企业，形成产业集聚效应，提升地区的整体竞争力。

第三，动态调整与持续创新。竞争优势理论强调竞争优势并非一成不变，企业应当根据市场变化持续创新以保持竞争优势。同样，优化营商环境也是一个动态过程，需要政府密切关注国内外经济形势、产业趋势以及企业需求的变化，及时调整政策、提升服务、完善制度，以保持地区营商环境的领先性。例如，随着数字化转型加速，政府需要加大投入建设数字政务服务系统，简化线上审批流程，提升政务服务的智能化水平，以适应企业对高效、便捷服务的新需求。

第四，价值链整合与生态系统构建。竞争优势理论中，企业通过整合价值链上的各项活动，构建竞争优势。在优化营商环境时，政府可以借鉴这一思路，通过整合政策、服务、资源等要素，构建有利于企业发展的完整生态系统。比如，政府可以提供直接的政策优惠，通过推动产学研合作、搭建产业联盟、举办专业论坛、引进高端人才、完善生活配套设施等，形成一个涵盖企业成长全周期、提供全方位支持的营商环境，增强企业在本地区的扎根意愿和发展潜力。

第五，衡量与反馈机制。竞争优势理论强调对竞争优势的量化评估与持续监控。在优化营商环境的过程中，政府可以引入竞争力评价体系，定期对企业满意度、营商环境指数、招商成效等关键指标进行监测和评估，根据反馈结果调整优化政策措施。例如，通过世界银行的《营商环境报告》、国内的营商环境评价体系等工具，对标国际先进水平，查找差距，明确改进方向，确保优化工作有的放矢，取得实效。

总之，竞争优势理论在优化营商环境中的应用，要求政府从识别关键优势、实施差异化策略、保持动态调整、整合价值链和构建生态系统，以及建立衡量与反馈机制等多个维度出发系统性地提升地区营商环境的吸引力和竞争力，为企业创造良好的发展条件，进而推动地方经济的繁荣与发展。

执笔人：谢晓波　王宁江　冯锐　郑怡

第四章
新时代优化营商环境理论创新

理论创新能够为优化营商环境提供科学的理论依据和方法论指导，帮助政策制定者和执行者更好地理解营商环境的构成要素、运行机理及其对经济社会发展的影响，从而制定出更符合实际、更具有针对性的政策措施。

第一节　营商环境定义和基本要素

一、营商环境定义

营商环境是指影响商业活动开展的各种内外部条件和因素的总和，这些条件和因素既包括物质层面的基础设施、市场条件、资源供给等，也涵盖制度层面的法律法规、政府政策、行政效率等，以及文化、社会等软环境因素。简而言之，营商环境是影响商业活动顺利进行、企业运营效率、投资决策及商业成功与否的各种外部变量的集合。

世界银行集团（WBG）无论是过往的DB（Doing Business）体系，还是现在的B-Ready（Business Ready）体系，都认为营商环境是指企业无法控制的一系列条件，这些条件对企业整个生命周期中的行为有着重大影响。国际组织"企业发展捐助委员会"（The Donor Committee for Enterprise Development）认为营商环境是企业日常经营活动所面临的由政策、法律、制度、规则融合而成的复杂环境，这一环境将影响企业的运营和政府的行政执法。英国咨询机构"国际商业观察"（Business Monitor International）将营商环境明确划分为金融复杂度、任人唯亲和腐败、利率水平、税收负担、透明度、劳动力市场灵活性、基础设施和信息技术、商业信心水平等部分。

国外学者E.汉布瑞克（1981）认为，构成企业营商环境的各个组成部分，会对企业的经营活动产生独立的影响。[①]G.达夫特（1999）指出："外部环境对业务运营的影响超出了企业本身的因素，外部环境的构成与一般环境、任务环境以及公司领导者和决策者的偏好密切相关。"[②]伊恩·沃辛顿和克里斯·布里顿（2011）将营商环境定义为会对公司日常运营产生"即时"影响的运营环境，和对企业经营产生"整体"影响的宏观环境；[③]李丹和M.P.费雷拉（2011）率先将营商环境与企业在金融领域融资方面结合起来，主要包括监管环境和政治环境；[④]而随着世界范围内的营商环境排名准则逐渐细致化，科拉辛斯基（2015）认为，从宏观角度来看，营商环境更是一个地区赖以生存和发

---

① Edward Hambrick. Impact of the Business Environment on Output and Productivity [J] . American Sociological Review, 1986, 61(04): 674–698.

② Gabriel Daft. Environmental Munificence: A Theoretical Assessment ［J］. Management Review, 1999, 16(02): 295–336.

③ 伊恩·沃辛顿（Ian Worthington），克里斯·布里顿（Chris Britton）. 企业环境 ［M］. 徐磊，洪晓丽，译. 北京：经济管理出版社，2011，11–27.

④ Dan Li, Manuel Portugal Ferreira. Institutional Environment and Firms Sources of Financial Capital in Central and Eastern Europe ［J］. Journal of Business Research, 2011, 1(01).

展的投资总环境。[①]

国内学者董彪和李仁玉（2016）将成本视角转为要素视角，认为营商环境包含了地区公司周围面临的各种要素的集合。[②]后向东（2019）、张劲松等（2020）、郑国楠和刘诚（2021）指出，营商环境更多是一种市场经营主体在日常经营活动中所感知到的制度性、社会性、情境性因素的统称。[③④⑤]娄成武和张国勇（2018）、董志强等（2012）、汪琼等（2020）提出，营商环境是由硬环境和软环境组合而成的，其中，硬环境为物质环境（自然禀赋和硬件设施），而软环境为制度环境（经济体系、政治政策、社会传统、文化风俗等）。[⑥⑦⑧]李志军等（2019）、杜运周等（2020）、王郅强和王凡凡（2020）、张劲松等（2020）则从生态系统的视角认为，营商环境是一个企业从事创业、创新、融资、投资等经营活动时所面临的，由政府服务效率、人力资源、

———————————————

① Kolasinski T. W. Postcolonial State and Contemporary General Business Environment. Selected Issues〔J〕. Central European Management Journal, 2015, 23(02): 39–57.

② 董彪，李仁玉. 我国法治化国际化营商环境建设研究——基于《营商环境报告》的分析〔J〕. 商业经济研究, 2016（13）: 141–143.

③ 后向东. 论营商环境中政务公开的地位和作用〔J〕. 中国行政管理, 2019（02）: 17–22.

④ 张劲松，卢兆梅，詹圣泽，吴建忠，卢绍基，詹朝裕. 营商环境优化与城市空间格局的提升——以厦门为例〔J〕. 中国软科学, 2020（10）: 107–118.

⑤ 郑国楠，刘诚. 营商环境与资源配置效率〔J〕. 财经问题研究, 2021（02）: 3–12.

⑥ 娄成武，张国勇. 基于市场主体主观感知的营商环境评估框架构建——兼评世界银行营商环境评估模式〔J〕. 当代经济管理, 2018, 40（06）: 60–68.

⑦ 董志强，魏下海，汤灿晴. 制度软环境与经济发展——基于 30 个大城市营商环境的经验研究〔J〕. 管理世界, 2012（04）.

⑧ 汪琼，李栋栋，王克敏. 营商"硬环境"与公司现金持有：基于市场竞争和投资机会的研究〔J〕. 会计研究, 2020（04）: 88–99.

公共服务、金融信贷服务、市场环境、创新环境组成的综合性生态系统。①②③④崔鑫生（2020）指出，任何市场经营主体的产生发展与经营不仅与其周围的宏观环境息息相关，更与其生存发展的微观环境有着千丝万缕的联系。⑤宋林霖和何成祥（2018）提出，宏观环境主要包括政治、经济、法律、社会等一系列环境，而微观环境则主要包括供应商、竞争者、劳动市场、金融机构等诸要素。⑥罗培新（2023）认为，营商环境是一个宽泛的概念，它不仅包括了企业从设立、运营到退出市场的全过程中的各种法规、政策以及行政管理措施，而且包括对政府监管市场体系性的评估。⑦在他的论述中，法治被视为最佳的营商环境，意味着一个良好的营商环境应当建立在完善的法律法规基础之上，并强调公正、透明和可预期的法治环境对于吸引投资、保障企业权益和提升经济活力的重要性。王宁江认为信用体系建设是良好营商环境的重要组成部分，指出市场经济本质上是信用经济，且信用经济必须建

① 李志军.中国城市营商环境评价［M］.中国发展出版社，2019.

② 杜运周，刘秋辰，程建青.什么样的营商环境生态产生城市高创业活跃度？——基于制度组态的分析［J］.管理世界，2020，36（09）141-155.

③ 王郅强，王凡凡.治理视角下营商环境优化的演变逻辑——基于佛山市的考察［J］.中国行政管理，2020（06）：30-36.

④ 张劲松，卢兆梅，詹圣泽，吴建忠，卢绍基，詹朝裕.营商环境优化与城市空间格局的提升——以厦门为例［J］.中国软科学，2020（10）：107-118.

⑤ 崔鑫生."一带一路"沿线国家营商环境对经济发展的影响——基于世界银行营商环境指标体系的分析［J］.北京工商大学学报（社会科学版），2020，35（03）：37-48.

⑥ 宋林霖，何成祥.优化营商环境视阈下放管服改革的逻辑与推进路径——基于世界银行营商环境指标体系的分析［J］.中国行政管理，2018（04）：67-72.

⑦ 罗培新.良善的司法裁判有力助推营商环境优化［J］.人民司法，2023（05）：22-25.

立在法治经济的基础之上。①②

二、营商环境基本要素

第一，政务环境。聚焦于政府与企业互动的质效及公共服务供给质量，涵盖行政效率提速、政策透明化操作、政务服务的简便快捷与即时响应、审批程序精简、官员廉洁自律，以及政策的持续稳定与逻辑连贯。优质政务环境确保企业能够迅速、高效地完成注册、变动及许可申请等流程，在明确、稳定的政策框架内获得高效的行政辅助。

第二，法治环境。涉及法律制度的完备性、法律的稳定性与透明度、司法公正与效率、行政执法的规范性、法律服务的可获取性，以及所有市场主体在法律面前一律平等，都能获得同等的法律保护。法治环境构建了市场经济运行的基础框架，通过确立规则、界定权利义务、维护秩序、反腐败等，为市场主体营造一个公平竞争、稳定可预期的经营环境，是优化营商环境的关键所在。

第三，市场环境。涉及市场自由度、竞争的公平合理性、准入条件的合理性及消费者权益保护机制等领域，具体细分为市场架构、竞争法则、反垄断监督、价格机制透明、信息流通无障碍等多个维度。一个健全的市场环境能驱动资源合理分配，激发创新动力，保障各企业在公平透明的规则下竞相发展。

第四，经济生态环境。宏观视角下的经济状态，由政策导向、经济增长水平、金融货币策略、税收政策、经济稳定性指标、汇率动态、市场规模、产业结构等组成。这些宏观经济因素直接影响市场需求、

---

① 王宁江.对信用监管的再理解［J］.浙江经济，2018（04）：38.
② 王宁江.政府数字化转型下的信用监管［J］.浙江经济，2018（09）：36.

企业运营成本、投资回报预估及消费者支付能力，稳定的经济生态为企业发展铺就坚实的基石。

第五，人文环境。涵盖劳动力教育背景、社会价值观念、多元文化的融合接纳、工作生活平衡等文化与社会多个层面，积极的人文环境吸引并留住人才，鼓励创新思维，增强企业的社会责任意识与品牌信誉，促进企业间的和谐合作及深化消费者信赖。

营商环境是一个多维度、多层次的复合体，其优劣直接影响企业的生存与发展。良好的营商环境应该是稳定、透明、公正、开放的，能够吸引投资、激发企业创新、提高经济效率，从而促进整个经济社会的持续健康发展。

第二节　优化营商环境的核心要义

优化营商环境旨在针对制约经济社会发展中的突出矛盾，在重点领域和关键环节加快改革步伐，充分发挥市场在资源配置中的决定性作用，更好发挥政府作用，增强市场主体活力和竞争力，促进高质量发展。

优化营商环境的核心要义是正确处理政府与市场的关系，坚持企业导向，减少政府对企业的干预和限制，降低制度性交易成本，提升资源配置效率，提高司法公正性和透明度，保障企业合法权益得到有效保护，全面参与国际贸易和投资往来，提高国际竞争力。关键策略聚焦于维护公平、提效降本，通过持续深化简政放权、放管结合、优化服务改革，最大限度减少政府对市场资源的直接配置，提升政府服务管理能力和水平。

一、充分发挥市场在资源配置中的决定性作用

在现代市场经济条件下，市场是经济运行的中枢和集中体现，市场在资源配置中起决定性作用是市场经济的一般规律。深化经济体制改革，健全社会主义市场经济体制，必须遵循这条规律。

市场经济能够高效配置资源。市场通过价格机制、供求机制和竞争机制等手段，引导生产者和消费者根据市场需求调整自己的行为，从而实现资源的有效配置。配置方式基于市场自身的需求和供给信息，灵活地应对市场变化，使得资源得到更加合理的利用。改革开放以来，我国的实践证明市场配置效率远高于计划配置。

市场经济能够促进竞争创新。在供给趋向满足需求的过程中，市场竞争激烈化，进而自然淘汰低效益的投资者，调整经济结构，从而保持生产的高效率。与此同时，企业在竞争中不断推动技术和管理的进步，带来生产效率的提高和产品质量的提升，进一步促进综合实力的增强和经济的发展。

市场经济能够反映需求偏好。市场通过价格机制敏感地反映市场供求变化情况，帮助企业了解和预测市场需求，从而更好地满足消费者。避免企业生产过剩或供不应求，保证价格围绕价值波动，引导企业调整生产和服务，促进资源的合理配置和社会经济的发展。

市场经济能够完善激励约束。市场通过风险机制和信息披露机制，对企业的决策和行为产生激励和约束作用。市场的波动和不确定性可能给企业带来风险，市场的透明度要求企业对外公开披露自身相关信息，而企业需要根据市场的风险状况，制定相应的风险管理策略。

二、更好发挥政府作用

市场不是万能的、完美无缺的，而是存在趋利性、盲目性、滞后性等先天缺陷，市场调控也会失灵。因此，政府要正确发挥宏观调控的作用，创造良好的规制环境，适度干预和科学引导市场行为。

为更好发挥政府作用，政府要做到不该干的事情不干，不该管的事情不管，做到内部权责清晰，满足社会公共需要，防止出现公共服务"真空"领域。努力建设服务型政府、法治政府，发挥好、规范好、协调好"两只手"的关系，降低企业税负、人力、金融等显性成本，以及由制度不完善、政策不稳定等带来的隐性成本。

作为服务型政府，应围绕新时代我国政府经济调节、市场监管、社会管理、公共服务等主要职能，从人民需要出发，以为人民服务为宗旨。在经济调节方面，政府通过财政政策、货币政策等手段调节经济总量，以实现经济增长、充分就业、价格稳定和国际收支平衡等宏观经济目标；在市场监管方面，政府制定和执行反垄断法、消费者保护法等，通过有效科学监管确保市场运行畅通、维护企业合法权益，确保市场信息的真实性与透明度；在社会管理方面，规范社会事务，协调社会矛盾，打击各种违法犯罪，维护社会秩序和稳定，保障人民群众生命财产安全；在公共物品提供方面，由于市场往往无法有效提供公共物品（如基础设施、国家安全、教育、公共卫生等），政府通过公共预算来提供这些服务。与此同时，政府还建立社保体系，调节收入分配，确保社会公平稳定。制定环保法规，推行绿色激励、低碳经济，保障可持续发展。支持研发创新，给予税收优惠，引导产业升级。参与国际贸易谈判，解决贸易争端，鼓励企业国际化，拓展海外市场。

社会主义市场经济本质上是法治经济，推进中国式现代化，加快建设现代化经济体系，要把全面依法治国贯彻到经济社会发展的各个方面，以法治的思维和方式推动"有效市场"和"有为政府"更好结合。做到有法必依、执法必严、违法必究，构建公开透明的法治环境和统一开放的有序市场，打破行业壁垒和地方保护主义，确保所有市场经营主体在法律法规面前一律平等。建立健全信用法律法规体系和信用标准体系，制定统一的信用信息分类、信用评估方法等业务规范，加强信用信息管理，培育发展信用服务市场，维护信用信息安全和信息主体权益。坚持用法治来划定政府和市场的边界，坚决克服政府职能越位、错位、缺位现象，建立健全风险预警和应对机制，对可能出现的市场风险、环境风险等进行有效识别和防范应对。

第三节　优化营商环境与构建高水平社会主义市场经济体制的关系

优化营商环境与构建高水平社会主义市场经济体制是一体两面的关系。归根结底，营商环境就是包括企业在内的各类市场经营主体开展经济活动的外部环境，是一国经济制度、政治制度、社会制度及其运行效果的集中反映。优化营商环境是构建高水平社会主义市场经济体制的必要条件，高水平社会主义市场经济体制离不开良好的营商环境，两者紧密相连，互相促进，共同构成了中国经济转型升级、高质量发展的核心驱动力。

一、优化营商环境是构建高水平社会主义市场经济体制的重要手段

优化营商环境对市场机制高效运作的促进作用体现在多个层面。优化营商环境要求政府简政放权，减少不必要的行政审批和干预。通过建立和完善统一开放、竞争有序的现代市场体系，打破行政壁垒，使得资源能够根据市场需求自由流动，实现高效配置。例如，推行"数字化＋政务服务"，大幅提高行政效率，降低企业的时间成本和经济成本。此外，强化政策的稳定性和可预期性，减少政策频繁变动给企业带来的不确定性，增强企业投资和经营的信心，促进企业长期规划和稳定发展。优化营商环境还意味着提升监管效能，实现从"严进宽管"向"宽进严管"的转变。通过实施分类监管、差异化监管和信用监管等新型监管模式，既保证市场的灵活高效，又有效防范市场风险，确保形成公平竞争的环境。建立企业信用信息公示系统，公开违法失信行为记录，对守信主体给予激励，对失信主体实施联合惩戒。

优化营商环境对于激发企业创新和创业活力具有深远影响。一方面，通过减税降费、财政补贴、研发支持等政策措施，直接减轻企业负担，增加可用于研发和创新的资金，为企业提供更多试错和探索的空间。另一方面，营造尊重知识、鼓励创新的文化氛围，通过举办创新大赛等活动和建立创业孵化器、科技成果转化平台等形式，为企业提供展示创新成果、对接市场资源的机会，激发企业家精神和工匠精神。尤为重要的是，一个公平竞争的市场环境是创新生态的基础。当所有企业都能在相同条件下公平竞争时，这会促使企业不断创新以获得竞争优势，这种正向循环不仅可以激发企业创新活力，也可以促进

整个行业的技术进步和产业升级。对于初创企业和小微企业，政府通过提供创业指导、融资便利、税收优惠等支持，可降低创业门槛，激发大众的创业热情。

优化营商环境对于吸引国内外优质资本和技术的重要性不言而喻。在全球化背景下，一个国家或地区的投资吸引力很大程度上取决于其营商环境的优劣。明确、透明的法律法规，高效、廉洁的行政服务，稳定、可预期的政治经济环境，以及对投资者权益的有力保护，都是吸引外资的关键因素。通过签订高标准自由贸易协定、参与国际规则制定、提升外商投资便利化水平，可显著提升国家形象，增强跨国公司投资信心。同时，优化营商环境还可促进技术交流与合作。通过建设国家级高新技术产业园区、科技城等创新平台，以及举办国际科技博览会、技术转移大会等活动，可为国内外技术供需双方搭建桥梁，加速先进技术的引进、消化、吸收、再创新过程。此外，对知识产权的严格保护，为国内外企业提供一个安心的研发和创新环境，确保创新成果得到有效保护和商业化应用，进一步吸引高科技企业和人才的聚集，为经济的高质量发展奠定坚实基础。

二、构建高水平社会主义市场经济体制是构建一流营商环境的根本保障

高水平社会主义市场经济体制强调公有制为主体、多种所有制经济共同发展的基本经济制度，这为不同所有制企业提供了公平竞争的舞台，是优化营商环境的基石。公有制经济在关键领域和重要行业发挥主导作用，为市场稳定和发展奠定基础，而多种所有制经济的共同发展则丰富了市场生态，增强了市场的活力与创新力。全面完善产权

制度，坚持以公平为核心的产权保护原则，健全归属清晰、权责明确、保护严格、流转顺畅的现代产权制度，强化知识产权保护。这种制度安排确保了各类企业在市场准入、资源配置、政策支持等方面享有平等待遇，为优化营商环境打下坚实的基础。

建设高效规范、公平竞争、充分开放的全国统一大市场，是建设高水平社会主义市场经济体制的内在要求。通过强化统一大市场基础制度建设，推进市场基础设施互联互通，建立公平规范高效的市场监管体系，能大幅降低市场主体的制度性交易成本和全社会物流成本；通过健全要素市场体系，加快要素价格市场化改革，完善主要由市场供求关系决定要素价格的机制，最大限度减少政府对价格形成的不当干预，为优化营商环境创造良好的市场环境。

政府在高水平社会主义市场经济体制下的角色定位，是"看得见的手"，是"无形之手"的协调者与引导者。政府通过制定和实施一系列宏观经济政策、产业政策，以及市场规则，为优化营商环境提供方向性的引导和政策支持。例如，减税降费政策可直接减轻企业负担，优化金融服务政策可解决中小企业融资难、融资贵的问题，加强知识产权保护政策可激励创新活动，这些措施共同构成了优化营商环境的政策矩阵，可促进资源的合理流动和高效配置。

高水平社会主义市场经济体制本质上是法治经济，而营商环境最重要的就是法治环境。完善的法律法规体系，可以为市场活动提供清晰的行为准则，通过严格的执法和公正的司法，保护市场主体的合法权益，降低交易成本和不确定性，维护市场秩序，增强国内外投资者的信心。法治化营商环境的营造，还体现为对政府权力的约束和规范，确保政府行为在法治轨道内进行，避免其任意干预市场，为市场留下足够的自主发展空间。只有通过法治，政府转变职能和"放管服"等改革才能具体落实到实现贸易投资的自由化、便利化上。

高水平社会主义市场经济体制要求建设开放型经济新体制，促进高水平对外开放。面对世界百年未有之大变局，必须更好利用国内国际两个市场两种资源，更加注重制度型开放，以国内大循环吸引全球资源要素，促进国内国际双循环，推动形成更高水平的对外开放新格局，打造国际经济合作和竞争新优势。通过积极参与全球经济治理，参与规则制定，高标准对接国际经贸规则，为国内企业走向世界、吸引外资创造更为广阔的空间。优化的营商环境不仅要在国内落实，还要在国际比较中展现出竞争力，这意味着需要不断学习国际先进经验，提升市场透明度，简化跨境贸易和投资的程序，构建公平、透明、可预期的营商环境，吸引更多的外国直接投资和技术转移，推动国内产业的升级和经济结构的优化。

第四节 一流营商环境的主要特征

一、市场化

市场化营商环境是产权体系健全，归属主体清晰的；是要素自由流动，价格反应灵活的；是市场竞争公平，企业优胜劣汰的。

产权体系清晰，有利于降低交易费用，提高资源配置效率，提升市场化水平。产权体系是关于产权界定、运营、保护的一系列体制安排，是社会主义市场经济存在和发展的基础。科学合理的产权体系，是可以巩固和规范市场经济中的财产关系，约束人的经济行为，维护市场经济秩序，保证市场经济顺利运行的法权工具。只有在产权清晰的情况下，商品才能进行交易，市场价格机制才能发挥作用，资源才能得到有效配置。

要素自由流动，是建设统一开放、竞争有序的市场体系的关键，是使市场在资源配置中起决定性作用的基础。市场体系是由商品及服务市场和土地、劳动力、资本、技术、数据等要素市场构成的有机整体。市场经济条件下企业自主经营、公平竞争，消费者自由选择、自主消费，形成了商品和要素自由流动、平等交换的现代市场体系，政府则着力清除市场壁垒，提高资源配置效率和公平性。进一步深化要素市场化配置改革，让要素自主有序流动，推动经济高质量发展。

市场竞争公平，就是要建立完善规范高效的进入退出机制，促进企业健康发展。各个企业都能够在市场上平等地参与竞争，消除地区封锁和行业垄断，平等获得资源、机会和成果。以信息公开和有效监督保证"非禁即入"，企业不因任何因素而受到歧视或偏袒。破除各类隐形准入壁垒，消除所有制歧视和地域歧视，形成开放有序、公平竞争、统一大市场的发展理念。充分利用破产重整制度促进企业重组重生，实现资源的再次配置，激发市场经营主体活力。依法保护民营企业合法权益，建立促进中小企业发展体制机制，让民营经济真正成为优化营商环境的受益者。

二、法治化

法治化营商环境是法治贯穿全程，司法公平公正的；是信息公开透明，权责边界清晰的；是政商亲清和谐，环境稳定可预期的。

"法治是最好的营商环境"，把平等保护贯彻到立法、执法、司法、守法等各个环节，依法平等保护各类市场经营主体产权和合法权益。尊重市场经济规律，通过市场化手段，在法治框架内调整各类市场经营主体的利益关系。法治是一种基本的思维方式和工作方式，法治化环境最能聚人聚财、最有利于发展。当前，我国基本建立了以《优化营商环境条例》为主干、以各类政策文件为补充、以地方优化营商环境立法为支干的优化营商环境立法体系。以高质量立法立好法治化营商环境之规，以法的有效实施夯实法治化营商环境之基。

持续优化法治化营商环境，应紧紧围绕贯彻新发展理念、构建新发展格局，打造稳定公平透明、可预期的法治化营商环境。加快政府职能转变，纵深推进"放管服"改革，坚持法定职责必须为、法无授权不可为，把不该管的坚决放给市场，把该管的切实管住管好管到位，降低制度性成本，加快形成边界清晰、分工合理、权责一致、运行高效、法治保障的政府机构职能体系。适应新业态新模式、跨领域跨地区系统管理需要，综合运用经济、法律、行政和现代信息技术手段，创新市场监管和服务方式，提升政府综合服务效能。积极构建"亲清"新型政商关系，在实现市场制度化的同时，强化制度保障，公平公正惠企利民，加强政商互动沟通，走向人性化合作式互动包容。完善市场环境和信用评价体系，着力打造以诚信为基础的法治政府，诚信作为重要原则写入了《民法典》总则，是我国法治政府建设的核心价值之一。坚持诚信与法治相辅相成，以诚信助推法治的有效运行，以法治保障诚信的实现。

三、国际化

打造国际化营商环境是指对标国际一流，扩大制度型开放，扩大开放的范围和领域，完善提升对外开放平台，推动国内国际双循环。

高水平对外开放需要加快推进制度型开放，这是高水平对外开放的出发点和落脚点。与国际接轨，以国际化视野内视自己，才能更好地看清自己。当前，国际经贸规则和全球经济治理体系面临逆全球化思潮和贸易摩擦的挑战。在此新形势下，我们更要推动全方位对外开放，推动商品和要素流动型开放向制度型开放转变。主动对接国际高标准市场规则体系，健全外商投资准入前国民待遇加负面清单管理制度，依法保护外商投资权益。健全高水平开放法治保障，加强规则、规制、管理、标准等建设，完善外商投资国家安全审查、反垄断审查、国家技术安全清单管理、不可靠实体清单等制度。进入新时代，我国秉持"人类命运共同体"理念，从制度的被动接受者转变为主动供给者，积极参与全球经济治理体系改革，推动构建公平合理、合作共赢的国际经贸投资新规则，共享优势要素禀赋，降低制度摩擦和协调所带来的成本，实现开放合作、互利共赢的新局面。

高水平对外开放需要不断扩大开放的范围和领域。要优化对外开放的空间格局，拓宽对外开放的范围领域。推动共建"一带一路"高质量发展，强化多种形式的互利合作机制建设。深化和拓展资金、资源、人才、科技等领域国际合作，完善商品、服务、要素市场化国际化配置，使各领域开放形成协同效应。稳妥推进金融和服务领域开放，深化境内外资本市场互联互通，有序推进人民币国际化。积极拓展多双边经贸合作，推动贸易和投资自由化便利化。

高水平对外开放需要完善提升对外开放平台。各类开放平台是持续扩大对外开放的前沿阵地和体制机制创新的试验田，要打造开放层次更高、营商环境更优、辐射作用更强的开放新高地。深化自由贸易试验区改革，赋予其更大的改革自主权，及时总结、复制推广制度创新成果。创新提升国家级新区和开发区，建设开放型经济试验区。

高水平对外开放需要加快构建新发展格局。新发展格局下，我国要更加注重外部循环的质量，并通过高水平外部循环带动高质量国内循环。双循环重点是增强对外贸易综合竞争力，实现高质量引进来和高水平走出去。畅通国内大循环，着力培育完整内需体系，充分激发国内需求潜力，坚决破除地方保护，全力推动建设全国统一大市场。畅通国际大循环，打破联通内外循环的制度性壁垒，促进各类要素跨境流通的自由化便利化，推动以货物贸易为主向服务贸易为重点的开放转型。

四、数字化

打造数字化营商环境是指通过数字基础设施建设和现代数字技术的应用，实现传统营商环境的数字化转型，促进产业数字化和数字产业化，以数字化方式促进各市场主体有效协作和充分竞争。

数字经济是世界经济发展的重要方向。加强数字基础设施建设，促进新技术传播和运用，努力构建开放、公平、非歧视的数字营商环境，是优化营商环境的必然要求。与传统经济相比，数字经济的蓬勃发展赋予生产要素、生产力和生产关系新的内涵和活力，不仅在生产力方面推动了劳动工具数字化，而且在生产关系层面构建了以数字经济为基础的共享合作生产关系，催生出共享经济等新业态、新模式，改变了传统的商品交换方式，提升了资源优化配置水平。现代化数字经济加快推动了数字产业化、产业数字化转型，通过数据生产要素促进实体经济和数字经济融合发展，助力各类产业加速向数字化、网络化、智能化发展。同时，数字技术的应用，也极大地提升了国家治理现代化水平。

数字化电子政务和公共服务为社会带来更多的便利和效益，在提高政府效能、方便公众生活、加强信息共享和增强公众参与等方面具有重要意义。与传统营商环境相比，数字营商环境具有突破时空限制、实现精准治理、增强公平公正性、提升办事效率、有利于构建商事活动全球统一标准等优势。信息共享、界面友好、操作便捷、效率快速的商务政务平台，能够助力我国商品和服务更好进入国际市场，也为境外投资者融入我国市场创造条件。政府部门以数字化改革为牵引，以解决实际问题为突破口，开展数据共享、流程再造和制度重塑，开发管用好用的具体应用场景，提升企业民众的获得感和满意度。建立面向数字经济的监管体制，进一步强化上下联动与左右协同，加强监管公正性和透明度。借力数字技术扩大城市公共服务外延，提升服务效率和质量，促进公共服务均等化。

五、相互关系

营商环境的市场化、法治化、国际化、数字化有各自的主题和路径，相互之间又存在内容交叉和逻辑关联，是相互融合、相辅相成的有机整体。营商环境的法治化、国际化、数字化都是围绕市场化这个特征展开的，法治化是保障，国际化是必然，数字化是手段，共同孕育和催生社会主义市场经济，推动经济高质量发展。

市场化是优化营商环境的核心特征，市场化改革旨在破除不合理的体制机制障碍，让市场在资源配置中起决定性作用，把市场机制健全起来，把市场经营主体活力激发出来，以此来促进投资兴业，经济发展；法治化是优化营商环境的前提和保障，优化营商环境必须借助和依靠全方位的法治保障，将市场化改革成果以法律规范的形式固化下来，确保营商环境的公正、透明、稳定和可预期，使各类市场经营主体都能放心创业发展；国际化是优化营商环境的必然要求，通过对标国际通行规则和国际一流标准来改善营商规则，可拓宽视野，找差距，补短板，增强改革动力；数字化是优化营商环境的工具和手段，是实现营商环境市场化、法治化、国际化的重要方式，以数据赋能，助推数字政府建设、数字经济发展、数字社会治理转型。

优化营商环境需要整体推进市场化、法治化、国际化、数字化改革，使各项改革相互促进，相得益彰，形成强大合力。数字化是新时代背景下提升营商环境的重要手段，也是新时代优化营商环境的重要特征。数字化通过利用大数据、云计算、人工智能等先进技术手段，对传统营商环境进行深度改造和提升，能够大大简化行政审批流程，提高政务服务效能，降低企业运营成本，实现信息透明化，促进市场资源的高效配置。同时，数字化也是推动市场化、法治化和国际化的技术基础，为企业提供更加便捷、智能的服务平台，为政府决策提供科学依据。从市场化角度看，数字化极大地助力市场化改革，打破信息壁垒，保障各类市场经营主体公平竞争，激发市场活力。从法治化角度看，数字化有助于法律法规的公开透明执行，增强执法监督效能，保障市场经济秩序。从国际化角度看，数字化有助于打造互联互通的全球市场，促进我国商品和服务出口，吸引外资、引进国际先进技术和管理经验。

第五节　优化营商环境的本质要求

一、坚持市场经营主体为上

优化营商环境的最终归宿是要满足市场经营主体的需求。市场经营主体关心什么、期盼什么，优化营商环境就抓什么、推什么，各项举措要体现市场经营主体意愿。以市场经营主体需求为导向，从市场经营主体反映强烈的突出问题入手，破解难题和障碍，激发市场经营主体活力，提升市场经营主体获得感和满意度。

坚持以市场经营主体为中心，做到发展为了市场经营主体，从市场经营主体的根本利益出发谋发展、促发展。做到发展依靠市场经营主体，明确通过营商环境来做什么和通过优化营商环境来解决什么问题，充分尊重各类市场经营主体地位和企业家首创精神。做到发展成果由市场经营主体共享，明确政府公共服务的作用，使发展成果惠及各类市场经营主体。

二、坚持深化改革

优化营商环境的过程，就是持续解放思想、转变观念，不断改革开放、锐意创新的过程。改革开放以来，我国取得经济快速发展和社会长期稳定两大奇迹的一个关键因素，就是通过理论、实践、制度、文化上的创新，确立了社会主义市场经济体制。在全面建设社会主义现代化国家的新征程中，要重塑发展新优势，就必须以改革开放创新为动力，不断优化营商环境。

全面深化改革，要坚持市场化取向的改革方向，使市场在资源配置中起决定性作用，更好发挥政府作用。深化党和国家机构改革，优化职能配置，深化转职能、转方式、转作风，提高效率效能，健全宏观调控体系。加快构建高水平社会主义市场经济体制，为改革创新提供坚实完善的制度保障，推动经济发展方式转向创新驱动。积极推进实践创新基础上的理论创新，建立容错机制，鼓励地方积极探索先行先试，勇于冲破思想观念障碍和利益固化藩篱。

三、坚持扩大开放

优化营商环境必然要求不断扩大对外开放。我国改革开放的历史充分证明，对外开放是推动经济社会发展的重要动力，以开放促改革、促发展是我国发展不断取得新成就的重要法宝。推进高水平对外开放是推动高质量发展、加快构建新发展格局的必然选择，是统筹发展和安全、牢牢把握战略主动的重要方面。

推动营商环境国际化，一方面，要"走出去"，对标国际惯例、通行规则、通用标准，正视自身与先进国家的差距。既要学习规则，又要参与规则的制定，从高标准国际经贸规则的跟随者和接受者向参与者和制定者转变。以共建"一带一路"为契机，倡导包容共享和谐共赢的开放理念。另一方面，要"引进来"，优化对外开放的空间格局，拓宽对外开放的范围领域，进一步吸引人才、资本、技术等国际高端要素的进入，推动贸易和投资自由化便利化。同时要深刻认识国家安全面临的复杂严峻形势，加快推进国家安全体系建设，以新安全理念为指引推动营商环境国际化。

四、坚持法治保障

法治是最好的营商环境，公平正义是法治的生命线。优化营商环境要紧紧围绕公平正义，通过科学立法、严格执法、公正司法、全民守法各环节全面发力，充分发挥法治在营商环境建设中的保障作用。在法治环境下，企业能够依靠法律预测和规划商业活动，降低不确定性和交易成本，从而增强投资信心和创新能力。健全的法制体系、公正的司法实践以及高效的法治服务，有助于促进市场机制的有效运作、维护市场经营主体的合法权益。

健全法制体系，制定和完善与市场经济和国际惯例相适应的法律法规，为各类经济活动提供明确的法律依据和行为规范。保障公正司法，通过公正、独立、高效的司法程序，及时解决商事纠纷，打击违法犯罪行为，保障企业的财产权益不受侵犯，维护市场秩序。完善权益救济，建立完善的投诉举报机制和矛盾纠纷多元化解机制，确保企业和个人的合法权益受损时能及时有效地获得法律救济，从而增强投资者和经营者对法治环境的信心。

五、坚持系统观念

优化营商环境是一项系统工程。坚持系统观念，是优化营商环境的内在要求，是实现高质量发展的客观需要，是应对国内外环境变化的必然选择。优化营商环境牵涉经济社会发展各领域各环节，必须坚持以发展的、辩证的、全面的、普遍联系的观念认识问题，才能更好地解决问题。

要以全面系统的观念发现问题，加强对整体工作的全局性谋划，准确把握在工作全局中的应有定位，加强系统集成、协同高效。要以发展变化的观念研究问题，加强对机遇挑战的前瞻性思考，不断增强工作的系统性、前瞻性，在各个领域牢牢掌握工作主动权。要以普遍联系的观念解决问题，加强对各项事业的整体性推进，防止孤立、片面地看问题，深入透彻把握事物的全貌。

六、坚持多元共治

优化营商环境涵盖了政策、法治、市场及政务等多个关键环节。鉴于不同行业、企业及地区对营商环境的独特需求和期望，优化营商环境必须深入考量各方需求和利益。为实现这一目标，政府侧、社会侧和市场侧必须携手并进，形成强大的合力，共同推动营商环境的持续优化与提升。

坚持多元共治，政府侧要发挥其核心引领作用，通过制定和执行相关政策措施，保护企业合法权益，并提供高效的公共服务，如优化政务流程、提供便利的行政服务、完善基础设施建设等。社会侧要积极参与并发挥监督作用，为政府提供宝贵的建议和反馈，社会组织提供专业的咨询培训服务，行业协会制定行业标准和规范，倡导诚信经营。市场侧要自觉遵守市场规则，积极参与市场竞争，推动市场的繁荣和发展，追求经济效益的同时履行社会责任，与政府侧和社会侧共同推动营商环境的改善。

七、坚持数字赋能

进入数字时代，数字化技术已经深刻地改变了整个社会的方方面面和运作方式。数字化不仅是一场技术革命，更是一场治理变革，是对治理体系和治理能力的全方位、系统性重塑，是推进国家治理体系和治理能力现代化，构筑国家竞争新优势的重要手段。

要运用数字化的手段，把数字技术广泛应用于政府管理服务，构建公共数据共享管理平台，促进党政机构职能转变、制度创新、流程优化。运用数字化的思维，对国家治理多场景、多模态、动态性大数据进行全面收集和多维解析，全面掌握市场经营主体需求和社会问题。运用数字化的治理方式，全面推进治理运行方式、业务流程、服务模式数字化智能化，打造网格化管理、精细化服务、信息化支撑的服务平台。

执笔人：经博源　谢晓波　郑怡

PART 3

第三篇 **实践篇**

第五章

我国营商环境法规体系与工作体制机制

CHAPTER 5

第一节 "1＋N＋X"法规体系

党的十八大以来，习近平总书记高度重视优化营商环境，作出一系列重要指示，强调"营商环境只有更好，没有最好"。在党中央的坚强领导和国务院的重点部署下，各部委、各地政府发挥合力，强化顶层设计，深化制度改革，创新方式方法，我国营商环境建设取得了突出的成效，优化营商环境的制度化、规范化水平不断提升，形成了以国务院《优化营商环境条例》为核心、各领域法律法规和部门规章为补充、地方优化营商环境立法为支干的"1＋N＋X"架构。

一、《优化营商环境条例》

2019年10月8日，国务院第66次常务会议通过了《优化营商环境条例》，标志着我国优化营商环境进入法治化新阶段。该条例的颁布不仅填补了专门领域的立法空白，也彰显了中国打造世界一流营商环境的坚定决心，具有里程碑式的意义。该条例指明了优化营商环境工作的方向，明确了各领域的改革目标和具体要求。作为我国营商环境领域的首部全国性法规，也是全世界第一部优化营商环境领域综合性行政法规，该条例总结了我国优化营商环境的经验和做法，将实践证明行之有效、人民群众满意、市场经营主体支持的改革举措用法规制度固化下来，既全面系统又突出重点，既有原则规定又有具体要求，为各地区、各部门在实践中提供了根本遵循，同时也为各地区、各部门探索创新优化营商环境的具体措施留出了空间。该条例坚持市场化、法治化、国际化原则，以市场主体需求为导向，以转变政府职能为核心，强调创新体制机制、强化协同联动、完善法治保障，对标国际先进水平，为各类市场主体营造稳定、公平、透明、可预期的营商环境。该条例明确要持续深化简政放权、放管结合、优化服务改革，最大限度减少政府对市场资源的直接配置，最大限度减少政府对市场活动的直接干预，加强和规范事中事后监管。该条例强调要加快建立统一开放、竞争有序的现代市场体系，促进各类生产要素自由流动，保障各类市场主体公平参与市场竞争。该条例强调市场主体保护、知识产权保护、生态环境保护，鼓励、支持、引导非公有制经济发展，平等对待内资企业、外商投资企业等各类市场经营主体，旨在为企业提供全方位的支持和保障。

二、"N"个领域性法规

（一）市场准入领域

2021年8月24日，国务院发布了《中华人民共和国市场主体登记管理条例》。这是我国制定出台的首部统一规范各类市场经营主体登记管理的行政法规，对各类市场经营主体的登记管理进行了统一规范，使不同市场经营主体在登记注册时能够遵循统一的标准和程序。该条例明确了登记信息和备案信息的公示平台，提高了市场主体的透明度和可预期性，减少了因信息不对称而引发的市场风险；总结了"证照分离"改革的经验，将经营范围分为一般经营项目和许可经营项目，降低了经营准入门槛，为市场主体提供了更多的便利；进一步明确了登记时限，提高了登记注册的效率，为企业节省了时间和成本；进一步完善了市场经营主体的注销制度，以有效地解决市场经营主体反映的"注销难"问题，对释放社会资源、充分发挥市场机制优胜劣汰的作用具有重要意义。

2024 年 8 月 1 日，《中共中央办公厅国务院办公厅关于完善市场准入制度的意见》出台实施。该意见包含完善市场准入负面清单管理模式、科学确定市场准入规则、合理设定市场禁入和许可准入事项等十方面内容。关于完善市场准入负面清单管理模式，该意见提出，各类按要求编制的全国层面准入类清单目录和产业政策、投资政策、环境政策、国土空间规划等涉及市场准入的，全部纳入市场准入负面清单管理，各类经营主体可依法平等进入清单之外的领域。同时明确，严禁在清单之外违规设立准入许可、违规增设准入条件、自行制定市场准入性质的负面清单，或者在实施特许经营、指定经营、检测认证等过程中违规设置准入障碍。在完善市场准入规则方面，该意见首次根据不同行业领域性质，分类明确了相应准入规则。对于充分竞争领域，实施宽进严管，大幅减少准入限制；对于涉及国家安全、国民经济命脉和涉及重大生产力布局、战略性资源开发、重大公共利益的领域，可以设定准入限制，但必须依法依规进行；对于深海、航天、航空、生命健康、新型能源、人工智能、自主可信计算、信息安全、智慧轨道交通、现代种业等10个新业态新领域，尊重行业发展规律特点，分领域制定优化市场环境实施方案，推动生产要素创新性配置，提高准入效率，更好促进新质生产力发展。在完善准入措施调整程序方面，该意见细化了禁止进入、许可准入等具体要求，进一步提出，市场准入管理措施新增或调整前，行业主管部门要先行开展政策评估，再依照法定程序提请修法修规。该意见提出选择重点地区开展放宽市场准入试点，分批制定和推出放宽市场准入特别措施。该意见还对加强内外资准入政策协同联动、有序放宽服务业准入限制、抓好市场准入制度落实、强化组织实施等提出了具体措施。

（二）公平竞争领域

党中央、国务院对营造公平竞争市场环境高度重视。近年来，我国着力完善公平竞争制度规则。1993年通过的《中华人民共和国反不正当竞争法》，历经2017年全面修订、2019年修改完善，2022年第三次修订。本次修订最重要的方面在于纳入了国家健全数字经济公平竞争规则。修订草案规定，经营者不得利用数据和算法、技术、资本优势以及平台规则等从事不正当竞争行为。这意味着"二选一"、强制搭售、屏蔽外部链接、大数据杀熟等数字经济领域的不正当竞争行为将进一步受到规制约束。此外，对于不正当竞争行为的界定，也从7条增加至16条，其中，有多个条款对数字经济相关的新型不正当竞争行为作了具体规定。

修订后的反垄断法规定"国家建立健全公平竞争审查制度"。2024年6月6日，国务院总理李强签署第783号国务院令，公布《公平竞争审查条例》，自2024年8月1日起施行。该条例的施行，对反垄断法和国务院文件规定的公平竞争审查制度作了进一步细化。该条例明确了公平竞争审查的主体和范围，规定了有关方面的职责。该条例对起草单位起草的涉及经营者经济活动的法律、行政法规、地方性法规、规章、规范性文件以及具体政策措施提出了明确要求。一是不得含有限制或者变相限制市场准入和退出的内容。二是不得含有限制商品和要素自由流动的内容。三是没有法律、行政法规依据或者未经国务院批准，不得含有影响生产经营成本的内容。四是不得含有影响生产经营行为的内容。该条例还围绕建立公平竞争审查机制作了具体规定。

2024年5月，国家市场监管总局公布《网络反不正当竞争暂行规定》，自2024年9月1日起施行，旨在预防和制止网络不正当竞争，维护公平竞争的市场秩序，鼓励创新，保护经营者和消费者的合法权益，促进数字经济规范健康持续发展。该规定具有以下几个特点。一是坚持鼓励创新。保护企业创新成果，着力促进互联网行业发挥最大创新潜能。二是着力规范竞争。顺应我国数字经济发展新特点、新趋势、新要求，完善各类网络不正当竞争行为认定标准及规制要求。三是加强消费者权益保护。回应社会关切，对当前我国线上消费中侵害消费者权益的刷单炒信、好评返现、影响用户选择等焦点问题进行规制，为解决线上消费新场景新业态萌发的新问题提供政策支撑。四是强化平台责任。督促平台对平台内竞争行为加强规范管理，同时对滥用数据算法获取竞争优势等问题进行规制。五是优化执法办案。针对网络不正当竞争行为辐射面广、跨平台、跨地域等特点，对监督检查程序作出特别规定。创设专家观察员制度，为解决重点问题提供智力支撑和技术支持。

（三）知识产权领域

2019年11月，中共中央办公厅、国务院办公厅印发《关于强化知识产权保护的意见》，该意见提出了七方面二十三条政策措施，提出要牢固树立保护知识产权就是保护创新的理念，加大侵权假冒行为惩戒力度。加快在专利、著作权等领域引入侵权惩罚性赔偿制度。大幅提高侵权法定赔偿额上限，加大损害赔偿力度。强化民事司法保护，有效执行惩罚性赔偿制度。规制商标恶意注册、非正常专利申请以及恶意诉讼等行为。探索加强对商业秘密、保密商务信息及其源代码等的有效保护。加强刑事司法保护，推进刑事法律和司法解释的修订完善。强化打击侵权假冒犯罪制度建设，探索完善数据化打假情报导侦工作机制。该意见要求严格规范证据标准。深入推进知识产权民事、刑事、行政案件"三合一"审判机制改革，完善知识产权案件上诉机制，统一审判标准。建立健全知识产权纠纷调解协议司法确认机制。完善新业态新领域保护制度，研究加强专利、商标、著作权、植物新品种和集成电路布图设计等的保护。研究建立跨境电商知识产权保护规则，制定电商平台保护管理标准。编制发布企业知识产权保护指南，制定合同范本、维权流程等操作指引，鼓励企业加强风险防范机制建设，持续优化大众创业万众创新保护环境。

2020年4月，《最高人民法院关于全面加强知识产权司法保护的意见》出台实施。该意见提出要完善知识产权诉讼程序，健全知识产权审判体制机制，有效遏制知识产权违法犯罪行为，全面提升知识产权司法保护水平。立足各类案件特点，维护权利人合法权益，切实降低知识产权维权成本、大力缩短知识产权诉讼周期、有效提高侵权赔偿数额等。充分利用审判流程公开、庭审活动公开、裁判文书公开、执行信息公开四大平台，最大限度地保障当事人和社会公众的知情权、参与权和监督权。加强知识产权国际交流合作，积极参与知识产权保护多边体系建设，共同推动相关国际新规则创制。

2021年6月，新修订的《中华人民共和国专利法》开始施行。本次修订新增了惩罚性赔偿制度，对故意侵犯专利权，情节严重的，人民法院可以在按照权利人受到的损失、侵权人获得的利益或者专利许可使用费倍数计算的数额1倍到5倍内确定赔偿数额。此外，还提高了法定赔偿额，将法定赔偿额上限提高至500万元、下限提高至3万元。通过实施严格的知识产权保护，提高违法成本，体现了加大专利保护力度、鼓励创新的导向。

2024年7月，《国家知识产权局关于全面提升知识产权公共服务效能的指导意见》发布，该指导意见旨在充分发挥省级知识产权管理部门统筹管理作用，进一步提升知识产权公共服务效能。提出要引导知识产权公共服务机构主动了解并持续跟踪科技创新主体对知识产权公共服务的需求。建立自主创新示范区、高新技术产业开发区、经济技术开发区、区域科技创新中心等的知识产权公共服务机制，强化知识产权数据资源供给，开发建设知识产权专题数据库，保障相关领域研发信息安全，充分利用专利导航、专利技术挖掘、知识产权分析等公共服务工具，强化对原创性引领性科技研发及基础研究的支撑。引导知识产权公共服务机构围绕产业知识产权强链增效，开展知识产权战略咨询、产业发展分析、行业规划研究、知识产权风险预警等服务。鼓励和支持有条件的公共服务机构开展知识产权海外维权、侵权预警相关服务，助力企业"走出去"。

（四）社会信用领域

2012年12月，国务院通过了《征信业管理条例》，征信业的首部立法出台。2013年，国务院发布《关于促进信息消费扩大内需的若干意见》，提出要"推进国家基础数据库、金融信用信息基础数据库等数据库的协同，支持社会信用体系建设"。2013年5月，国家发展改革委、人民银行、中央编办发布《关于在行政管理事项中使用信用记录和信用报告的若干意见》，提出"在行政管理事项中使用信用记录和信用报告是发挥政府在社会信用体系建设中示范带头作用"。国家部委开始联合推动信用体系建设工作。

2014年6月，《社会信用体系建设规划纲要（2014—2020年）》发布实施，我国社会信用体系建设工作进入全面推进阶段。该纲要提出从征信体系、社会信用内容、诚信文化、信用市场等六个方面推动社会信用体系建设，将建设政务诚信和司法公信作为重要任务。

2019年7月，国务院办公厅印发《关于加快推进社会信用体系建设构建以信用为基础的新型监管机制的指导意见》。该意见提出，要建立健全贯穿市场主体全生命周期，衔接事前、事中、事后全监管环节的新型监管机制，不断提升监管能力和水平，进一步规范市场秩序，优化营商环境，推动高质量发展。

2020年12月，国务院办公厅印发《关于进一步完善失信约束制度构建诚信建设长效机制的指导意见》，进一步明确信用信息范围，依法依规实施失信惩戒，完善失信主体信用修复机制，提高社会信用体系建设法治化、规范化水平，社会信用体系建设进入高质量发展阶段。

2021年底，为加强涉企信用信息归集共享、缓解中小微企业融资难题，国务院办公厅发布《关于印发加强信用信息共享应用促进中小微企业融资实施方案的通知》，社会信用体系开始向金融和经济领域倾斜。该阶段社会信用体系建设从完善市场经济制度的重要手段发展成为社会治理的重要抓手，融入社会发展的方方面面，信用信息共享从金融业逐步拓展到各行各业。

2022年3月，中共中央办公厅、国务院办公厅印发《关于推进社会信用体系建设高质量发展促进形成新发展格局的意见》，明确了社会信用体系建设的方向指引和路径安排。该意见提出要积极探索创新，运用信用理念和方式解决制约经济社会运行的难点、堵点、痛点问题。推动社会信用体系建设全面纳入法治轨道，规范完善各领域各环节信用措施，切实保护各类主体合法权益。该意见将社会信用体系建设放在构建新发展格局的大框架下，围绕畅通国内大循环，对科研诚信、质量和品牌信用、流通分配等环节信用、诚信消费投资环境、生态环保信用、各类主体信用建设等领域作出部署，将信用建设贯穿到生产－分配－流通－消费的经济循环中。该意见还围绕支撑国内国际双循环相互促进，瞄准我国对外双向开放中的重点难点问题，部署推动进出口信用、双向投资及对外合作信用，以及参与信用领域国际治理等工作，充分发挥信用机制在畅通国民经济循环、促进形成新发展格局中的基础性、关键性作用。

三、"X"个地方优化营商环境立法

早在国家《优化营商环境条例》出台之前，河北省、陕西省、黑龙江省等地已先行先试制定优化营商环境的地方性法规。目前我国已经有24个省（区、市）发布了优化营商环境的地方性法规，各地条例

均覆盖了市场环境、政务环境、法治环境三大方面，明确了监管执法要求和法律责任。同时各地结合本地实际情况，对上位法的内容进行了细化，反映了地方特色与发展需要。

（一）上海市优化营商环境条例

上海市自2020年起实施《上海市优化营商环境条例》，设立多项制度并持续修订。2023年完成第二次修订，修正案共37条，并计划形成常态化修法机制。同时，针对企业关注的问题，推出专项立法和浦东新区法规，形成"1＋X"立法体系。上海推进全流程改革，完善各指标领域法律法规和政策体系。例如，新推出"上海企业登记在线"平台，便利企业全程网办设立、变更和注销业务；推出工程建设联审平台，实现全网通办。上海依托重点区域，积极探索与国际规则对接。以临港新片区为例，实现高水平投资、贸易、资金、运输自由，高便利人员从业，高便捷信息联动。2024年，上海发布的《上海市坚持对标改革持续打造国际一流营商环境行动方案》(7.0版)，包括150项任务举措，力求在改革、公共服务、监管效能、区域创新和社会共建五方面升级营商环境。

（二）北京市优化营商环境条例

北京市2020年4月施行了《北京市优化营商环境条例》，与时俱进地在立法中增加了政府对受突发事件影响的市场经营主体的救助职责。2022年8月，对其中9个条款进行了修订完善。例如，根据2022年3月1日实施的《市场主体登记管理条例》，规定了市场经营主体按照国家市场监督管理总局发布的经营范围规范目录自主选择一般经营项目和许可经营项目，申报经营范围。根据2021年《国务院关于深化"证照分离"改革进一步激发市场主体发展活力的通知》要求，规定了在中国（北京）自由贸易试验区试点商事主体登记确认制改革。同时借鉴国际通行规则，推行不动产登记与供水、排水、供电、供气、通信等公用服务事项变更联动办理。规定有关部门应当多场景记载不动产单元代码，并实现一码关联，为开展共享查询追溯提供便利，保障不动产权属清晰，尽可能减少纠纷。

北京市着力打造营商环境"北京服务"品牌，对标世界银行新营商环境评估框架，营造市场化、法治化、便利化、国际化一流营商环境。编制北京市行政许可事项实施规范，深化"一业一证"和"一件事"集成服务改革，深入推进一体化综合监管，扩大非现场监管占比，完善全国市场监管数字化试验区建设。提升市、区、街乡三级"服务包"工作效能，用好"京策"平台向企业精准提供政策服务，保持政策的稳定性和连续性，让营商环境更有温度、企业更有获得感。

（三）重庆市优化营商环境条例

重庆市于2021年7月施行了《重庆市优化营商环境条例》，这是川渝两地人大开展的第一个协同立法项目，主要内容包括市场环境、政务服务、法治保障等方面，明确了市场经营主体在市场经济活动中权利平等、机会平等、规则平等。同时，还强调了政府在优化营商环境中的责任，要求政府加强组织领导，完善政策措施，建立工作机制，并及时协调解决重大问题。旨在打造一个市场化、法治化、国际化的营商环境，以激发市场主体活力，建设高标准市场体系，深刻转变政府职能，为各类市场经营主体投资兴业营造稳定、公平、透明、可预期的良好环境。

此外，该条例还提出了建立和完善以市场主体和社会公众满意度为导向的营商环境评价制度，以及加强与其他地区的交流合作，形成统一开放的要素市场，持续优化区域整体营商环境。

（四）广东省优化营商环境条例

广东省于2022年7月施行了《广东省优化营商环境条例》。该条例坚持市场化、法治化、国际化改革方向，突出"充分发挥市场在资源配置中的决定性作用，更好发挥政府作用，有效降低制度性交易成本"，把近年来广东在优化营商环境方面大量行之有效的改革成果、经验做法上升为法规，从制度层面提供更加有力的法治保障。该条例特别规范了行政审批中的中介服务事项，规定了各级人民政府及有关部门在行政审批过程中需要委托中介服务机构开展技术性服务的，应当通过竞争性方式选择中介服务机构，并自行承担服务费用，不得转嫁给市场主体。同时还要求行政审批过程中的中介服务事项依法由市场主体委托的，应当由其自主选择中介服务机构，行政机关不得利用职权指定或者变相指定，不得妨碍中介服务机构公平竞争。

（五）江苏省优化营商环境条例

江苏省于2021年1月施行了《江苏省优化营商环境条例》，该条例对市场准入、开办登记、生产经营、破产重整、退出等重点环节作了全面规范，努力为各类市场主体投资兴业营造公平竞争的市场环境、高效便利的政务环境、公正透明的法治环境。把"两个最大限度"写入总则，特别强调政府和有关部门应当"最大限度减少政府对市场资源的直接配置，最大限度减少政府对市场活动的直接干预"。该条例明确了优化营商环境应遵循市场化、法治化、国际化原则，坚持优质服务理念，维护公开、公平、公正的市场秩序。要求地方政府加强组织领导，建立健全统筹推进机制，持续完善优化营商环境改革政策措施，并将其纳入高质量发展考核指标体系。该条例还鼓励各地区、各部门结合实际先行先试有利于优化营商环境的改革举措，将行之有效的改革措施在全省推广。同时，加强了长江三角洲区域优化营商环境的合作，推动形成统一的市场准入制度和监管规则。

此外，该条例还规定县级以上地方人民政府及其有关部门和新闻媒体应当加强优化营商环境法律法规和政策措施的宣传，营造良好的舆论氛围。同时，按照国家营商环境评价体系要求，建立和完善营商环境评价制度，发挥评价对优化营商环境的引领和督促作用。

（六）浙江省优化营商环境条例

《浙江省优化营商环境条例》是浙江省为了持续优化营商环境，激发市场活力和社会创造力，促进经济高质量发展而制定的一部重要地方性法规。该条例于2024年1月26日经浙江省第十四届人民代表大会第二次会议通过，并于同年3月1日起正式施行，标志着浙江省营商环境优化进入新的法治化阶段。

《条例》共分为十章，包含九十六条具体内容，全面覆盖从市场准入到退出、政务服务、要素获取、数字技术应用、创新激励、对外开放合作等方面。旨在通过法治化手段明确政府、市场和社会各方面的权利义务，为市场主体创造更加稳定、公平、透明、可预期的营商环境。

一是突出"增值服务"导向。2023年以来，浙江省大力推动政务服务增值化改革，提出在基本政务服务便捷化基础上，整合政务服务、社会服务和市场服务功能，构建增值服务体系，为市场主体提供精准化、个性化衍生服务。这一具有引领性的全新改革导向，被写入该条例的总则部分，成为营商环境优化提升的核心要求之一。该条例全面支撑政务服务增值化改革，对改革重点建设的线下企业综合服务中心、线上企业综合服务专区以及"一类事"服务场景等，都做了制度规定与安排，全力保障改革纵深推进、发挥实效。

二是突出"数字营商"特色。近年来，浙江省在营商环境领域开展数字化改革，形成了一批具有创新性、引领性、示范性的改革实践成果。2022年5月，在财政部与世界银行组织的中国优化营商环境改革经验国际交流会上，浙江向全球分享了运用数字技术优化涉企服务的经验做法。在该条例的立法过程中，充分调研浙江省打造数字营商环境的改革举措，对有实效的成果模式进行了提炼固化，设置了"数字赋能"专章，要求通过数字化治理优化营商环境，这个章节在全国省级条例里是"独一份"。

三是突出浙江改革创新举措。该条例固化浙江省的全国首创性改革成果，彰显浙江特色，包括标准地改革、重点产业预防性合规、投资项目全过程图纸数字化管理、科技成果转化赋权等，具有很高的辨识度。该条例还聚焦新兴领域，如平台经济规范健康发展、数据要素运用和治理、绿色金融等，体现立法的前瞻性、引领性，将为改革创新举措提供更强司法保障力，进而强化全社会创新主体意识、激发创新活力。

其他已施行优化营商环境条例的省（区、市）都结合各自实际进行了创新，突出了特色。如河南省条例"第五章：优化宜居宜业环境"、辽宁省条例"第五章：诚信开放人文环境"，均体现了对于优化营商环境工作的深刻理解。我国优化营商环境建设工作已全面步入法治化轨道，逐步形成了以国家《优化营商环境条例》为主干、各类政策法规文件为补充、地方条例为支干的优化营商环境法治体系。《优化营商环境条例》的落地实施，促使各地进一步加大行政审批制度、商事制度等改革力度，进一步保护和激发了市场主体活力，培育了我国国际竞争的新优势。

第二节　我国优化营商环境工作体制机制

一、组织架构演变历程

从2013年开始，国务院把转变政府职能和行政审批制度改革作为优化营商环境的"当头炮"和"先手棋"。同年5月，国务院成立了以国务院副总理为组长的国务院机构职能转变协调小组，并取消和下放了第一批行政审批等事项。

2015年4月，国务院机构职能转变协调小组更名为国务院推进职能转变协调小组。协调小组下设6个专题组和4个功能组，其中，行政审批改革组负责牵头推进国务院行政审批制度改革，进一步取消和下放行政审批事项；投资审批改革组负责牵头推进投资项目审批制度改革，大幅减少投资项目前置审批和规范前置中介服务；商事制度改革组负责牵头深化注册资本登记制度改革，完成工商营业执照、组织机构代码证和税务登记证"三证合一、一照一号"改革。2018年7月，国务院推进职能转变协调小组更名为国务院推进政府职能转变和"放管服"改革协调小组。协调小组下设优化营商环境专题组，负责牵头优化营商环境。

至此，由国务院抓总，国家发展改革委牵头，各部门协同推进的营商环境建设组织架构正式形成。

二、国家部委职责划分

国家发展改革委在营商环境建设领域的主要职责包括：牵头推进优化营商环境工作；起草经济体制改革和对外开放的有关法律法规草案，制定部门规章；推动完善基本经济制度和现代市场体系建设，会同相关部门组织实施市场准入负面清单制度；会同有关部门提出外商投资准入负面清单。

商务部在营商环境建设领域的主要职责包括：起草国内外贸易、外商投资的法律法规草案及制定部门规章，提出我国经济贸易法规之间及其与国际经贸条约、协定之间的衔接意见；提出促进商贸中小企业发展的政策建议；推动商务领域信用建设，指导商业信用销售，建立市场诚信公共服务平台。

财政部在营商环境建设领域的主要职责包括：拟订财税发展战略、规划、政策和改革方案并组织实施；负责组织起草税收法律、行政法规草案及实施细则和税收政策调整方案。

自然资源部在营商环境建设领域的主要职责包括：负责自然资源统一确权登记工作；制定各类自然资源和不动产统一确权登记、权籍调查、不动产测绘、争议调处、成果应用的制度、标准、规范；建立健全全国自然资源和不动产登记信息管理基础平台。

　　住房和城乡建设部在营商环境建设领域的主要职责包括：拟订竣工验收备案的政策、规章制度并监督执行；组织实施房屋和市政工程项目招投标活动的监督执法，拟订勘察设计、施工、建设监理的法规和规章并监督和指导实施；制定房地产开发、房屋权属管理、房屋租赁、房屋面积管理、房地产估价的规章制度并监督执行。

　　　　　　　　　　　执笔人：王宁江　　庄跃成　　谢晓波　　陈硕

第六章
我国优化营商环境的实践探索

CHAPTER 6

第一节 营商环境评价与部门工作成效

一、营商环境评价

自2018年起，国家发展改革委按照国务院部署，牵头组织开展全国层面的营商环境评价。在评价体系设计上，围绕"法治化、国际化、便利化"的整体要求，坚持以市场经营主体期待和公众满意度为导向，聚焦企业和群众办事创业中的痛点、难点、堵点，在保留和丰富国际通行的评价指标基础上，融入中国改革的时代要求和地方特色。从衡量企业全生命周期、反映城市投资吸引力、体现城市高质量发展水平3个维度构建三维立体的评价指标体系，设置了18个一级指标和87个二级指标，综合反映各地营商环境情况。在探索实践上，国家发展改革委连续3年组织开展了6批次的营商环境评价。2018年，组织在东、中、西部和东北地区22个城市开展了两批次营商环境试评价。2019年，组织在直辖市、计划单列市、省会城市和部分地县级市等41个城市开展了营商环境评价，在东北地区21个城市开展了营商环境试评价。2020年，在80个地级以上城市和18个国家级新区开展营商环境评价。在改革成效上，国家发展改革委及时总结推广先进城市典型经验和创新举措，鼓励各地比学赶超、以评促改，推动全国范围营商环境进一步优化改善。2020年9月，编印发布了首部《中国营商环境报告2020》，全面展示各地优化营商环境改革创新举措和典型案例，带动全国范围对标先进，持续优化营商环境。

二、国家主要部委工作成效

（一）国家发展改革委主要工作成效

国家发展改革委认真贯彻落实党中央、国务院决策部署，推动全国范围营商环境持续优化改善。

一是深入推进市场化改革，充分激发市场活力。全面实施市场准入负面清单制度，积极推动构建全国统一大市场，清理废除妨碍统一市场和公平竞争的各种规定和做法。组织开展涉企违规收费专项整治行动，严查各类乱收费行为，切实减轻企业不合理负担。建立与民营企业常态化沟通交流机制，充分听取民营企业意见建议，帮助企业解决实际问题。

二是加快法治化建设步伐，切实维护公平竞争的市场秩序。持续推进《外商投资法》《外商投资法实施条例》《优化营商环境条例》等法律法规落实落细，推动各地各部门持续清理与优化营商环境精神不符的各类制度文件，夯实优化营商环境工作法治基础。加快构建以信用为基础的新型监管机制，深入开展"屡禁不止、屡罚不改"严重违法失信行为专项治理。完善产权保护制度，推进法治政府和政务诚信建设，进一步加强经营主体产权和企业家合法权益保护。

三是持续提升国际化水平，更大力度吸引外资。全面实行外商投资准入前国民待遇加负面清单管理制度，已经连续5年缩减全国和自贸试验区外资准入负面清单，发布鼓励外商投资产业目录，有序扩大鼓励外商投资范围，积极引导外商投资方向。充分发挥重大外资项目工作专班机制作用，推出六批具有牵引带动作用的标志性重大外资项目。做好外商投资促进和服务工作，加强涉外资企业政策宣传解读，进一步稳定外商投资预期，提振外商投资信心。

（二）商务部主要工作成效

商务部聚焦内贸、外贸、外资、对外经济投资合作等重点业务板块，打造一流营商环境，服务构建更加系统完备、更加成熟定型的高水平社会主义市场经济体制。

一是持续完善现代市场体系，打造公平高效的市场化营商环境。商务部会同相关部门合力推进内外贸一体化工作，发挥进博会、广交会、服贸会等会展平台作用，帮助企业拓展内外销市场。开展全国消费促进月、国际消费季等活动，推动外贸企业开拓国内市场。健全市场准入负面清单制度，支持各类市场主体更好参与市场竞争。2018年，我国全面实施市场准入负面清单制度。除了清单明确列出禁止和限制投资经营的行业、领域、业务，各类市场主体皆可依法平等进入。同时，严格落实"全国一张清单"管理模式，各地区、各部门不得另行制定市场准入性质的负面清单，切实维护市场准入负面清单制度的统一性、权威性。注重清理废除含有地方保护、市场分割、指定交易等妨碍统一市场和公平竞争的规定和做法，推动市场高标准联通。强化商务信用体系建设顶层设计，完善商务领域标准化制度体系。

二是深入推进商务法治建设，打造公开透明可预期的法治化营商环境。《中华人民共和国外商投资法》实施，该法对外商投资准入、促进、保护、管理等作出了统一规定，确立了外商投资实行准入前国民待遇加负面清单管理制度，成为我国外商投资领域新的基础性法律，实现了我国外资法律制度和管理体制的历史性变革。这部法律的出台，充分彰显了新时代中国进一步扩大对外开放、持续改善外商投资环境的决心和信心。持续推进清理与外商投资法不符的法规、规章和规范性文件，推动520部法规文件"立改废"，组织开展对含有内外资不合理差别待遇内容的规定及措施进行专项清理。推动出台《关于在政府采购活动中落实平等对待内外资企业有关政策的通知》，保障外资企业公平参与市场竞争。建立外资企业圆桌会议制度和投诉工作机制，加强常态化沟通交流，做好服务保障。修订完善对外贸易法，删去对外贸易法第九条关于对外贸易经营者备案登记的规定。这是外贸经营管理领域重大改革举措，是中国政府坚定推进贸易自由化便利化的重要制度创新。推动出台《海南自由贸易港法》，该法重点围绕贸易投资自由化便利化这一中心任务，对自由贸易港的功能定位、运行方式、管理模式进行顶层设计，是海南自由贸易港建设的"基本法"和"框架法"，为打造开放层次更高、营商环境更优、辐射作用更强的开放新高地提供了立法引领和法治保障。

三是加快推动制度型开放，打造合作共赢开放的国际化营商环境。商务领域不断积极主动对接国际高标准经贸规则，推动扩大规则、规制、管理、标准等制度型开放。持续合理缩减外资准入负面清单。全国和自贸试验区外资准入负面清单连续5年修订，限制措施分别减至31项和27项，海南自由贸易港外资准入负面清单进一步放开相关条目。加大现代服务业领域开放力度。有序开展服务业扩大开放综合试点示范，在试点地区已累计推出近500项开放创新举措，并向全国推广经典案例，有力发挥了引领示范作用。对接国际高标准经贸规则，推动自贸试验区建设。我国现已设立22个自贸试验区和海南自由贸易港，形成了覆盖东西南北中的改革开放新格局。商务部积极会同有关地方和部门，推动自贸试验区和自由贸易港在投资、贸易等领域施行一系列首创性实践，初步建立了与国际通行规则接轨的制度框架，推动了营商环境的国际化。参与和引领国际经贸规则制定，推动建设开放型世界经济体系。通过规则更新推动全球贸易投资便利化，积极参与数字贸易国际规则制定。主动提出世贸组织改革中国方案，推动世贸组织改革朝着正确方向发展，营造公正公平有序的国际经贸环境，更好维护我国发展利益和合法权益。

（三）财政部主要工作成效

财政部强化财政政策调节，加大对市场经营主体支持力度，着力培育和激发市场经营主体活力，推动构建新发展格局迈出新步伐、高质量发展取得新成效。

一是优化和落实减税降费政策。坚持阶段性措施和制度性安排相结合，继续执行降低增值税税率等制度性减税政策，分类调整阶段性政策，出台提高小规模纳税人增值税起征点、小微企业所得税优惠、扩大先进制造业增值税留抵退税政策适用范围等新的举措，取消、免征或降低部分政府性基金和行政事业性收费。

二是加强对中小微企业融资支持。继续实施小微企业融资担保业务降费奖补政策，引导地方继续扩大小微企业融资担保业务规模、降低担保费率。更好发挥国家融资担保基金体系引领作用，大幅拓展政府性融资担保覆盖面并明显降低费率。实施中央财政支持普惠金融发展示范区奖补政策，支持地方因地制宜打造各具特色的普惠金融发展示范区。

三是加大对企业创新激励力度。将制造业企业研发费用加计扣除比例由75％提高至100％，允许提前清缴核算，让企业尽早受益。启动"专精特新"中小企业奖补政策，支持1300多家"小巨人"企业发展。突出制造业领域政府投资基金作用，引导社会资本加大支持企业创新投入。

四是优化政府采购营商环境。开展全国政府采购代理机构评价工作，助推政府采购代理行业良性发展。有序推进政府采购意向公开，提升政府采购透明度。落实除涉及国家安全和国家秘密的采购项目外，对内外资企业在中国境内生产的产品、提供的服务平等对待。

五是持续深化行政审批制度改革。进一步规范财政部实施的行政许可事项，全面落实"证照分离"改革要求，在全国范围内对"会计师事务所分支机构设立"和"中介机构从事代理记账业务"实行告知承诺，优化"设立免税场所事项审批""会计师事务所设立审批"服务。在自由贸易试验区取消"中介机构从事代理记账业务"审批，将"会计师事务所分支机构设立"由审批改为备案管理。

（四）中国人民银行主要工作成效

中国人民银行围绕建设金融强国的各项要求，加强金融法治建设，以法治力量助推金融领域营商环境不断优化。

一是完善金融法律体系，健全金融法治制度基础。《非银行支付机构监督管理条例》正式出台。加强立法工作协调，会同有关部门推动《保险法》《信托法》《外汇管理条例》等多部重要金融法律法规修订工作取得积极进展。持续优化金融服务实体经济、金融管理、维护金融稳定等方面制度安排。集中清理不符合当前实际情况的规章、规范性文件，2023年以来，中国人民银行累计废止和修改有关规章规范性文件73件。

二是推进法治央行建设，持续提升依法行政能力。系统梳理编制中国人民银行权责清单、行政许可事项目录清单，进一步厘清权责边界。通过多种方式指导、督促全系统做好行政执法各项工作。不断加强执法检查统筹，"多头检查""重复检查"问题得到根本解决。按照"过罚相当"原则，持续规范对金融违法行为处罚工作，切实维护金融管理秩序。不断充实金融法治人才队伍，健全法律顾问和公职律师管理制度，加快高端法律人才培养。对行政执法人员加强培训考核和监督管理，持续提升执法人员专业化、职业化水平。

三是提升法治能力，营造良好金融法治氛围。结合央行职责，持续做好优化营商环境相关制度建设，全面梳理金融服务领域营商环境现状，强化金融支持民营经济发展壮大举措，制定出台多项惠企利民政策，持续优化我国金融领域营商环境。

第二节　我国优化营商环境面临的主要问题

一、大市场监管制度仍不完善

加快建设全国统一大市场是畅通国内大循环、构建新发展格局的必然要求，近年来，我国加大力度对妨碍统一大市场的政策措施开展自查清理，明显促进了市场循环畅通。但仍然存在区域封锁、地方保护等情况。主要有以下表现：一是要素跨区域流动仍存在制度性梗阻。企业是人才、资金、技术等各类要素流动的载体，企业跨区域经营投资和迁移便利化是要素自由流动的主要方式和重要表现。在实践中，企业跨区域经营投资和迁移会对所在地经济发展、财税增长、就业创新等构成显著影响，因而，部分地方政府出于政绩考核等原因，对企业上述行为进行直接或间接干预，如减缓审批速度、突击"查税"、要求退还政策补贴等，造成人为的市场分割。二是配套性监管体系仍不健全。有的地区较好地清理了地方保护措施，但配套监管制度仍不完善。如有企业反映市场保护和地方分割措施被清理后，地方性市场准入门槛明显降低，外地大企业名义上进入本地经营，实际上出于成本、利润、工作量考虑，往往不会亲自承建，而是将项目分包给当地企业，自己分享利润，这不仅没有带来先进的管理和技术，反而侵蚀了本地中小企业的利益。

二、涉企服务政策协同性不高

虽然各地各部门出台了大量惠企政策，但政策供给缺乏统筹性和系统性，导致相互之间协同性不强，集成度不高。一是政策之间的协同性有待提升。各个部门针对企业发展都出台了相关政策，但部分政策存在"相互打架"现象，产生"合成谬误"，政策集成效果产生折扣。二是涉企政策的受惠面有待事前评估。有地方反映，"一个减负降本的政策下来，由于每个行业对于企业规模判定要求不一样，因此整个地区找不出一个符合条件的企业"。涉企政策难以落地、"空转率"高等问题依然存在。三是同类政策前后衔接性有待增强。如有企业反映，前一年企业享受了延缓缴税、缓缴员工社保的政策，后一年因缴税额度不足、没有员工社保缴纳记录而没资格申请其他政策，补缴都不行。实际执行中有的政策说变就变，"项目还没准备好，政策期就过了"，政策前后衔接不畅，冲抵了服务预期效能。

三、制度型国际接轨仍需深化

统筹发展和安全、构建与高标准经贸规则相衔接的制度体系和监管模式是优化营商环境的内在要求。对标CPTPP、DEPA等高标准规则，我国仍然存在三方面不足：一是贸易监管规则的接轨仍需深化。金融、电信等重点领域服务业开放规则，安全便利的数据跨境流动机制仍需加快试点进程。同时，货物贸易自由化便利化水平仍需提升，如保税维修、医疗器械等特定货物进口、境内检疫程序等事项的便利化措施仍需创新。二是"边境后"监管规则接轨仍需探索。近年来，国际高标准经贸规则在不断发展演进变化，从关税、非关税壁垒等"边境"规则拓展至更广泛的"边境后"规则。关键领域改革亟待加快，如深化国有企业改革，加强劳动者权益保护，支持开展绿色低碳领域国际合作，进一步优化政府采购程序，完善采购管理，加强采购监督，构建规范透明、科学严密的政府采购管理体系。三是自贸试验区平台开放能级总体仍需提升。当前，已有《全面对接国际高标准经贸规则推进中国（上海）自由贸易试验区高水平制度型开放总体方案》，但其余多数自贸试验区开放能级仍然不高，高水平开放措施主要以临时性甚至"擦边"的政策为主，缺乏相关法律法规支撑。

四、法治保障仍需强化

近年来，我国注重在法治轨道上推进营商环境优化，但仍有提升空间。一是营商环境相关法律法规的修订需适时启动。我国营商环境工作具有快速推进、快速迭代的鲜明特征，一些被证明行之有效的改革措施可能受到部门规定和上位法的限制，较难固化和推广。如杭州国家营商环境创新试点城市建设探索了101条改革措施，其改革措施的推行涉及1部法律、7部行政法规和36部部门规章及规范性文件的暂时调整或暂停实施，因而较难在其他区域复制推广。二是多头执法、重复执法、扰企执法、以罚代管等现象依然存在。有企业反映，部门条线"指导性检查"较少，"处罚式督查"较多，对环保、安评、消防等高频检查事项，缺少常态化、经常性的服务指导，工作中主要以检查、处罚为主，以"完成KPI"的心态开展检查执法，导致企业不知道如何有针对性地提升、规范生产行为。有企业反映，"遇到别家出事故，隔天上午就来检查要求整改，下午直接贴封条拉闸强制关停，一点不管我们手头上的急单"。三是企业家合法权益的司法保障有待加强。"办了案子垮了企业"的情况在个别地方时有发生，如有企业主遇到恶意举报甚至诬告陷害，相关部门长期调查但不作处理、不出结论，影响企业发展。在处理劳资纠纷过程中，个别部门为避免麻烦，尽快结案，在未做充分事实调查情况下就要求企业按劳方要求支付赔偿，损害了企业的正当利益。

五、以评促改工作机制有待完善

一是世行迎评与全国评价工作之间的协同性需要进一步强化。在国家层面，财政部门主要负责世行迎评与对标提升，发展改革部门主要负责全国营商环境评价与优化，两部门工作相对独立，统筹性和协同性不够。二是既有评价体系的中国式现代化元素体现不够，以评促改精准度不高。相较西方主流市场经济国家，我国的经济社会发展更注重统筹发展与安全、更强调政府有为与市场有效的有机衔接，我国经济制度、发展阶段与西方市场经济国家有较大区别，而既有评价体系以世行营商环境体系为基础，主要以自由市场、公共利益、权力规制等西方传统学说为理论基石，以西方市场经济国家最佳实践为评分标准，这些差异造成了在实际评价过程中话语体系不一致，部分评价标准较难落地。三是评价方法仍需创新。既有评价主要通过调查问卷采集数据，依托佐证材料加以验证校核，人工工作量大、成本高，而且人为因素对误差影响较大，如何运用数字化技术理念，通过数据共享、自动比对校核、智能计算分析，实现营商环境的无感监测评价，还需要做大量的准备工作。

第三节 我国优化营商环境的对策建议

目前，我国的营商环境中还存在许多需要改善的地方，唯有持之以恒、久久为功，优化营商环境之路才能走得更远、更稳、更深。下一步，要突出全国统一大市场制度体系的制度执行能力，提升各级政府的整体性服务能力，全面推动高标准的制度型开放，大力强化法治保障的基础性作用，进一步完善中国特色的营商环境评价机制。

一、突出全国统一大市场制度体系的制度执行能力

一是要加快完善全国统一大市场基础性制度体系。科学完善的基础性制度体系是破除区域封锁、地方保护，促进要素按照市场机制自由流动的根本保障。要加快在市场准入、产权保护和交易、公平竞争、数据信息、社会信用等方面完善基础性制度及操作细则，推动相关法规及标准的建立和修订，及时废除妨碍全国统一市场和公平竞争的各种规定和做法。要在区域协调发展、新型城镇化建设、构建现代产业体系等工作中统筹完善全国统一大市场基础制度体系。二是强化全国统一大市场制度的执行力。全面落实公平竞争审查制度，对所有新出台的政策措施进行严格审查，防止出现新的市场壁垒。探索建立全国统一的市场监管执法指挥调度体系，提高执法效率和协同性，加大对市场干预行为的监管执法力度，及时查处各类违法行为，维护市场秩序。加强政策宣传和培训，提高各级政府部门和社会各界对于公平竞争政策的认识和理解，培育公平竞争文化，形成全社会的共识。同时，稳妥推进财政、税收、统计、户籍等涉政绩考核指标的调整改革，完善要素流动统计补偿机制，引导地方政府主动消除制约要素跨境流动的因素和条件。三是推进专项整治的制度化常态化。建立不正当干预全国统一大市场建设问题线索归集、核查和整改机制，制度化常态化开展妨碍公平竞争、招标投标和政府采购等领域违反统一大市场建设专项整治，纠正和惩处指定交易、妨碍商品要素自由流通等不当市场

干预行为。用好典型案例通报机制，依托多元监督机制破除不利于全国统一大市场建设的各种障碍。

二、提升各级政府的整体性服务能力

在服务便利化改革基础上，更加注重服务的整体性提升。一是顺延"服管链"统筹实施惠企政策和改革措施。改变以往主要针对单一事项谋划惠企政策和改革措施的做法，顺延"一件事"服务监管全流程，整体性谋划惠企政策、系统性推进改革攻坚，更好统筹服务和监管，推动关联事项政策措施的有效衔接。二是提高涉企政策的稳定性、有效性。注重保持涉企政策连续性稳定性，兼顾当前和长远，避免政策大起大落，引导企业形成合理预期，让市场经营主体敢于作出战略性和长期性决策安排。加强涉企政策部门协同，提高政策的科学性和可操作性。增强涉企政策透明度，通过惠企政策"免申即享"等措施让市场经营主体更加有获得感。三是探索政务服务增值化改革。进一步整合优化服务资源配置、创新服务供给方式，推动政务服务从"一件事"到"一类事"、从"一个点"到"整个面"、从"一个环节"到"全链条"升级，持续提升政务服务水平。同时依托市场机制，大力培育和发展中介服务机构，鼓励中介机构充分发挥专业技术优势，合规公正经营，积极参与涉企服务，通过简化服务流程、降低服务成本、增强透明度等，全面提升服务质量和效率，发挥好桥梁作用，有效促进营商环境持续优化。

三、全面推动高标准的制度型开放

一是以进一步接轨国际主要经贸规则推动内外贸标准协同。对标国际先进水平，建立完善国际标准跟踪转化工作机制，推动与更多国家开展检验检疫电子证书国际合作。深化共建"一带一路"、RCEP等框架下检验检疫结果互信互认，扩大第三方检验检测结果采信范围。优化同线同标同质产品认定方式，创新紧急使用商品、特殊商品快速进入国内市场的简易程序，贯通内外贸循环。二是以更大力度先行先试深化"边境后"监管规则创新。主动对接高标准规则、规制、管理、标准，率先构建与之相衔接的制度体系和监管模式，加快政府采购制度改革，深化国有企业改革，加大对劳动者权益的保护力度，实施高水平环境保护措施，增强对国际商品和资源要素的吸引力。对标开展深层次改革创新，实现制度创新的系统集成，赋能高质量发展。三是以更多平台竞争性探索加快改革创新速度。提升平台开放能级，扩大数据跨域流动、金融电信等服务业开放监管规则试点范围，鼓励更多自贸试验区开展竞争性探索和先行先试，推动平台主动接轨国际规则，参与制定国际规则和全球治理体系改革。

四、大力强化法治保障的基础性作用

加快健全营商环境法律法规体系，并加强监督检查，确保真正落到实处。一是适时启动营商环境法律法规修订。借鉴上海市营商环境立法修订机制，加快我国既有营商环境法规修订，注重对标国际一流，按照打造市场化、法治化、国际化一流营商环境要求，借鉴吸收国际上关于优化营商环境的新理念新标准，建立健全优化营商环境基础制度和具体规则。同时突出改革创新，将党中央促进民营经济发展壮大的意见和近年来全国营商环境改革行之有效的新做法新思路，尤其是北京、上海、重庆、杭州、广州、深圳等国家营商环境创新试点城市的新探索新举措，加以固化，转化为法规制度，刚性推动创新成果的全国复制。二是进一步完善监管执法体系。敦促有关部门加快优化执法工作考核，拓宽扰企投诉举报机制，依托行业协会商会，深入探索"行业自律"模式，提高监管效能，持续完善企业信用修复制度。加快完善新技术新产业知识产权监管执法体系，重点围绕新技术新产业的知识产权保护，简化固证程序，丰富认证方式，优化多元解纷公共服务，培育多层次市场化法律服务。三是注重保障企业家合法权益。依法保护企业家财产权、创新权益及自主经营权，切实落实好由规划调整、政策变化、领导更替、政府干预造成企业合法权益受损的补偿机制。完善法人治理结构，规范股东行为，强化内部监督，培育企业廉洁文化。

五、完善要素市场化体制机制赋能新质生产力

一是大幅提升全要素生产率。鼓励企业和政府增加对科学研究和技术开发的投入，设立专项基金支持关键技术领域和新兴产业的研究。加快科技成果向现实生产力的转化，促进新技术、新材料、新能源、新工艺的应用。建立和完善人才培养体系，畅通教育、科技、人才的良性循环。二是创新生产要素配置方式。推动生产管理向平台化、网络化和生态化转型，提升管理效率。打破阻碍要素自由流动的体制机制，推动土地、劳动力、资本、技术和数据等要素的市场化配置，消除资源配置扭曲，提高要素效率。促进各类要素在市场机制作用下便捷化流动、网络化共享、系统化整合、协作化开发和高效化利用。三是健全要素参与收入分配机制。明确劳动、资本、土地、知识、技术、管理、数据等生产要素的产权归属，实行严格的产权保护制度。健全

生产要素由市场评价贡献、按贡献决定报酬的机制，坚持多劳多得。建设城乡统一的建设用地市场，增加土地管理灵活性。深化金融体制改革，让不同期限、承担不同风险的资金获得合理收益和风险补偿。通过收入分配体制改革激发生产要素活力，全面贯彻落实以增加知识价值为导向的收入分配政策，更好体现知识、技术、人才的市场价值。

六、进一步完善中国特色的营商环境评价机制

一是加强部委营商环境评价部际工作统筹。强化国务院主管部门对营商环境工作的统筹职能，整体性谋划推进营商环境世行迎评与全国评价工作，有序衔接世行最佳实践对标提升和全国营商环境改革工作，推动形成更大的改革合力。二是加快完善中国特色营商环境评价指标体系。对标世界银行B-Ready新版评估体系，结合要素市场化、市场开放、交通物流体系、生活服务体系、综合成本、政商关系、社会治安、宏观经济等我国经济高质量发展的核心问题，兼顾微观规制与宏观环境，统筹考虑有为政府与有效市场的具体表现，更加科学有序推进指标体系迭代，更加客观地反映我国营商环境水平。运用数字化的思维理念，借鉴近年来部分省份推出的"无感监测""无感式"评价方法，推动评价数据自动共享、算法校核、智能分析，提升评价工作的规划性和科学性，提升以评促改的有效性和精准性。

执笔人：刘淑颖　冯锐　谢晓波　经博源

PART 4

第四篇 **案例篇**

第七章
建设高效率的市场化营商环境

第一节　浙江省发展改革委优化金融
营商环境　助力服务业扩大开放

一、基本情况

浙江省发展改革委会同省地方金融监管局及杭州市上城区，聚焦国家和省委、省政府关于服务业开放的决策部署，紧扣外资引进渠道有限、资本循环不畅、上市服务集成不足等问题，以服务业高质量发展"百千万"工程为抓手，将金融服务业扩大开放相关指标、任务纳入工程"三张清单"，每月调度推进，多措并举优化金融营商环境，助力服务业扩大开放。

二、改革举措

一是运用新型金融工具，拓宽外资引进渠道。打通外资进入瓶颈，积极破解外资进入意愿不强、资金入境程序复杂、境内优质项目对接难度大等问题。打消外资进入顾虑，确定安丰私募基金为基金管理试点企业，属地政府靠前服务，对接寻找来自瑞士、俄罗斯、中东等3家境外意向基金，增强双方互信。畅通外资投资渠道，推动托管银行服务外资投资机构关口前移、流程前置，精准筛选境内匹配投资项目，缩短试点基金落地审批时间。

二是培育金融创新平台，完善资本循环体系。一方面，构建现代金融生态圈。以建设杭州金玉上城现代金融创新发展区为抓手，推动构建"431"现代金融生态圈。另一方面，构建私募产业"募投管退"循环生态。印发《区域性股权市场浙江创新试点实施方案》，建设私募基金份额报价转让平台，组建私募股权二级市场基金，优化基金份额变更登记流程，推动形成私募股权投资行业"投资—退出—再投资"良性循环生态。

三是推进政务服务增值化改革，营造金融服务生态。优化数字人民币全流程服务，抢抓杭州亚运会机遇，从赛事侧、城市侧等多维度推进数字人民币服务环境升级，为境内外人员提供全流程服务。积极打造"凤凰丹穴"数字化平台，推动信用证明功能接入，全量归集政策法规、业务知识、融资渠道等资源要素助力企业上市；组建钱塘江金融港湾"金玉良缘"共创联盟，依托"上心办"平台，智能感知企业潜在需求，形成增值服务清单。通过数据开发运用创新优化融资模式，建设"信易贷"服务创新发展区专属模块，强化金融对服务业精准支持。

三、成果成效

2023年6月，杭州市QFLP试点首单基金落地，外资有限合伙人

（LP）瑞士施罗德基金投资人将3683万美元汇入托管银行，中国证监会正式批复同意在浙江区域性股权市场开展股权投资和创业投资份额转让试点。截至2023年10月底，金玉上城现代金融创新发展区集聚了161家持牌金融机构省级以上总部、三分之二以上银证期保在浙总部，以及一批省级区域性股权、产权和金融资产交易平台。亚运会期间杭州地区实现万个商户数字人民币聚合收款。

第二节　浙江人力资源大市场建设

一、基本情况

浙江省人力社保厅聚焦人才市场和劳动力市场分立、公共服务和市场化服务分割、线上服务和线下服务分离等问题，系统开展人力资源要素市场化配置改革，围绕塑造现代化人力资源，建设"人力资源大市场"，推动人力资源高效配置、公共服务转型升级、市场力量融合导入、政府监管提质增效，支撑人口高质量发展和经济高质量发展。

二、改革举措

一是打造统一规范的大市场，提升人力资源配置能力。整合全省公共就业人才服务网站、线下人力资源市场和零工市场，建立重点科研平台引才渠道，实现岗位、群体、服务全覆盖。归集1200多万份流动人员人事档案和电子劳动合同的数据，统一用户身份，建设省、市、县、乡、村五级贯通的统一网站，实现人力资源服务一张网。依托就业、职称、职业能力等12个省集中系统和"浙里就业创业""浙派工匠""安薪在线"等20个应用重点场景，上线"我要招聘"主场景，为人才提供一站式、全链条服务。

二是打造共建共享的大平台，提升人力资源利用能力。借鉴"淘宝"模式，设立线上"云店"，一屏展示机构信息，开展云上服务。借鉴"滴滴打车"模式，建设线上"用才宝"，通过企业发单、平台派单、机构接单的形式完成供需匹配，实现从注重交易数量到提高服务质量的转变。推动产才融合，推出以人才集聚度、活跃度、贡献度为主要指标的产才协同指数。构建共赢格局。政府、社会及市场共同发力，形成"省级主建、各级共建、市场主营"的"一树百果"人力资源服务行业共赢格局，实现信息共享、活动联办、服务融合、业务协同。

三是打造新型监管的大体系，提升行业数据治理能力。加强数据治理，建立数据标准，汇聚行业数据，通过数据共享和全量标签化处理，实现个人、企业的精准画像，构建"拿数据说话、靠数据分析、用数据决策"的行业治理新模式，为重大平台、重点企业提供精准的人力资源支撑。强化行业监管，以人力资源行业数据为基座，实行标签管理、量化分析、风险预警，变事后查处为事前预防、事中监管。利用数据，通过白皮书发布优质企业榜单，对违规失信企业实行清单管理、惩戒晾晒。健全治理机制。采集用人主体、中介机构、社会群体等市场数据，构建以信用为基础的一体化、智能化新型监管机制。

三、成果成效

线上"云店"实现9417家人力资源服务机构入驻，建成数字经济、智慧物流等23个产才协同平台、8家专业性人力资源产业园区。

依托人力资源大市场，产生603亿条数据，实现个人、企业的精准画像。

第三节　宁波市海曙区信用赋能"一诺万金"
打造卓越市场环境

一、基本情况

近年来，国家、省印发相关文件，鼓励招标人对无失信记录的中小微企业或信用记录良好的投标人，给予减免投标保证金的优惠待遇，降低市场主体制度性交易成本，进一步优化营商环境。由于工程建设项目周期长，企业资金周转普遍存在缺口，而一般企业申请贷款不仅需要抵押物，且贷款年利率达5%，融资难度大、成本高。优化公共资源交易服务的需要。针对在招投标领域中可能发生串标、围标、弄虚作假等现象，推出与信用挂钩的交易应用场景，是落实省、市招投标领域专项整治的有效之举。

二、改革举措

一是建立信用免缴机制。整合多部门资质资格证明事项等共性材料及企业依规提交的各类声明函、承诺函，公布四大主体7种信用承诺函，以承诺代替证明的方式，赋予信用最高等级企业、无失信行为的建筑业中小企业无感知免投标保证金实惠，降低交易主体制度性交易成本。目前，交易主体共签署承诺书11410份。

二是建立信用贷款机制。开展与11家银行的"诚易贷"合作，根据企业中选项目合同金额、信用评价高低推出差异化签约额度和利率。以贷款1年、100万元额度为例，在利率上比普通贷款下浮5%—13%，可少支付利息约1万元/年。

三是打造智能监管体系。出台限额以下工程建设项目信用管理细则，设立企业信用加、减分"信用三十条"评价指标，形成信用联合监管模式。围绕项目对企业、评委、招标人、代理等主体进行诚信画像，依托16个模型精准监测预警，如检测到企业投标文件的网卡MAC地址、硬盘序列号一致等情况，系统自动发出红色预警并弹窗提醒评标专家查验。2023年检测824次，发现异常并预警15次，约谈投标企业10家。以智慧监管机器人代替人工进行现场巡逻监管、提醒评标"敏感词"，辅助招标代理远程组织项目开评标，有效杜绝非评审人员干扰评标专家公正评审，获得1项国家实用新型专利。

三、成果成效

一是营造更加便捷高效的政务环境。通过承诺代替证明，简化交易主体材料，加快项目交易效率，如招标人可通过提交项目"容缺承诺"，提前发布招标公告，在公示期间完成补缺，此举将为单个项目推进最多节约20天。此外，企业在注册小额选取系统时，只需提交信用承诺即可免除5项材料的提交，做到当天注册、当天参与。

二是助力企业降本减负成效明显。通过"诚易贷"已向63家企业授信463笔，共5088.87万元，为企业节省利息250万元以上。通过信用承诺代替保证金缴纳，累计为16167家次企业减少资金沉淀25.82亿元，一家企业一年可节约交易成本近60万元，单个项目信用免缴使用率最高可达100%。

三是诚实守信的正能量得到传递。探索了社会信用可评价、可转化、可应用的工作机制,信用选取吸引了区外1033家企业参与竞争,培育形成一批诚实守信、业务精良的招标代理,有效提高招标效率33%,实现项目提速20%。109家企业因参与社会公益得到信用赋分,累计慈善捐款1600余万元,提供社会服务2300余小时。海曙案例获评全国信用承诺典型案例,被列为全国现场会特色应用场景走访调研点并作典型经验介绍。

第四节　温州市"数据得地365"快速供地新机制

一、基本情况

温州市以往工业用地出让中存在配置不公平不公正、优秀企业拿不到地、得地企业不一定优秀,甚至得地后倒手转卖、建厂出租等问题,社会议论非常多,加上少数领导干部权力寻租、暗箱操作、利益输送等现象,影响极差,亟须创新优化。温州市针对上述问题探索推进企业"数据得地",是执政为民的重要体现,也是对地方党风政风的重塑,"得"的不仅是发展空间,更是企业发展信心、良好营商环境、未来发展希望。

二、改革举措

一是构建"365"工作指引,重塑供地评价标准。按照科学合理、公开公正、数据有效、指标量化、企业无感等原则,制定出台供地预评审"365"工作指引:"3"是企业准入门槛的三项基本要求;"6"是新增用地项目的六项预期指标承诺不低于《浙江省新增工业项目"标准地"指导性指标（2022版）》要求；"5"是评价供地先后顺序的五项排名赋分数据，并建立温州市无自有用地（厂房）的先进制造业产值超亿元优质企业和5000万元以上高成长型企业供地预评审流程，作为全市统一的预评审工作指引正式执行。

二是构建数字化支撑平台，重塑供地配置模式。探索工业用地数字化配置应用平台，自动匹配相关部门数据，应用通过AI评分模型，排除人为因素干扰，无需企业提交任何证明材料，对企业进行用地准入评分排名，生成企业供地序列清单，形成客观公正的供地配置新模式，彻底改变了过去人工操作、感官片面的评估匹配方式，实现了从"主观评价供地"到"凭数据客观供地"的转变。目前已确定将64家企业列入年度供地计划，供应土地面积1760.8亩，得到广大企业一致好评。

三是构建跨区域保障机制，重塑要素统筹理念。开展市域内统筹解决用地需求情况摸排，形成市域内迁移统筹信息库。按照市级统筹、县级包干的原则，属地政府无法在年度计划安排时间内解决企业用地问题的，市政府将根据产业布局规划及企业意愿在全市范围内进行落实解决，涉及税务、产值统计工作和相关政策落实事宜的，按照《温州市工业企业市域内跨行政区域迁移管理暂行办法》办理。

三、成果成效

一是从"跑腿要地"到"无感得地"。通过"365"无感评估，符合条件的企业，无需提供任何数据材料，即可获得供地资格，营造了公平公开公正的亲清营商环境。

二是从"人工筛选"到"数据智配"。运用工业用地数字化配置应用平台，实现了从"主观评价供地"到"凭数据客观供地"的转变。

三是从"基层首创"到"示范推广"。"数据得地365"机制激发了温州制造业企业扎根本土、创新创业的投资新热情，并成为温州市营商环境优化提升"一号改革工程"首批突破性攻坚十大举措之一。

第五节 杭州市西湖区"专利开放许可改革"

一、基本情况

西湖区聚焦科研院校专利"转化难"、中小微企业所需专利"取得难"、专利成果供需"匹配难"等问题，创新"政府—平台—高校—企业"协同合作模式，在国家知识产权局指导下，发挥浙江省知识产权交易中心总部平台优势，打造专利开放许可一站式服务平台，畅通知识产权转化渠道，以"专利开放许可改革"赋能中小微企业发展。

二、改革举措

一是创新协同合作模式，打造综合服务平台。由区属国企西湖投资集团入股浙江知识产权交易中心有限公司，创新"政府—平台—高校—企业"协同合作模式，共同打造专利开放许可一站式服务平台，统筹管理省内外80余家高校院所和企事业单位的6万多件可交易专利资源。重点建设"一库四系统"，发布《专利开放许可交易规则（试行）》办法，制定《专利开放许可信息披露管理办法》等13个配套制度。

二是创新长效工作机制，破解专利供需难题。以辖区高校浙江大学为试点，创新打造全省首家"专利银行"，采用"免费许可＋付费转化"方式，加快浙江大学高质量专利向地方企业实施转化。围绕专利转化运用全链条，成立西湖区知识产权"红盟"服务队，形成专利供需对接长效工作机制。

三是强化政策机制引导，赋能中小微企业发展。研究制定开放许可专利定价审查标准，构建专利评价系统服务定价指导机制。支持科研院所将专利许可给省内中小微企业，许可期内每年按最高不超过实际缴纳年费的50％予以资金支持。与专业服务机构建立市场化合作机制，给予其交易手续费的30％分成。

三、成果成效

目前累计挂牌开放许可专利6169件，精准推荐企业2.1万余家，引导391家企业参与"浙江知识产权在线"平台专利信息公开，实现开放许可2215项，达成许可金额375万元。开展供需对接5场，覆盖中小微企业384家，发布专利开放许可清单4批，精准推介企业达到10625家，促成专利转化74件。

第六节　绍兴市柯桥区建设公平竞争指数体系

一、基本情况

2022年3月，中共中央、国务院出台《关于加快建设全国统一大市场的意见》，提出"打破地方保护和市场分割，打通制约经济循环的关键堵点，促进商品要素资源在更大范围内畅通流动"。优质营商环境是柯桥发展的金名片，推进公平竞争环境评价体系建设在其中发挥关键作用，有助于构建统一大市场、持续优化营商环境。现有公平竞争制度的评价体系缺少市场经营主体满意度测评，公平竞争审查存在未把市场反馈、跨地域对比评价纳入的缺陷，与建设全国统一大市场的要求存在差距，对顶层设计提供的决策参考不足。柯桥区对公平竞争指数指标体系予以重新构架，真切对接群众、企业需求期待。

二、改革举措

一是建设指数平台，形成刚性约束。依托大数据采集、分析、预警和精准推送，建设可对比、可预测、可计算的"浙江省公平竞争指数数字化平台"，包含指数指标数据、指数计算结果、指数应用排名、指数点评分析及指数年度报告等信息。

二是创新评价模式，编制指标架构。按照市场端、政府端、社会端3个逻辑，以及环境、审查、监管、倡导、评测5个维度，构建公平竞争环境、公平竞争审查、公平竞争监督、公平竞争倡导和公平竞争评测等5项一级指标，市场发展度、市场活跃度、市场开放度等14项二级指标，以及民间投资增速、规范性文件审查覆盖率、公平竞争环境满意度等59项三级指标的公平竞争指数指标体系。

三是完善制度架构，建立保障体系。推动落实公平竞争审查"三审三查三化"新模式（自我审查、部门会审、集中审查；清理检查、督查考核、抽查评查；专业化、智慧化、社会化），细化政策审查制度，建立专家人才保障队伍，实现重点政策措施公平竞争审查全覆盖。审查结果作为一级指标"公平竞争审查"重要依据来源，搭建指数评价保障配套制度框架，成立数据工作小组与工作专班，健全工作考核通报制度和第三方评估制度，保证评价体系正常有序运行。加强对行业龙头企业、驰名商标、科技密集型企业的保护，开展地方保护和市场分割政策措施自查和交叉检查，重点政策措施公平竞争审查全覆盖。

三、成果成效

一是试点成果复制推广。2023年4月，举办国家市场监督管理总局公平竞争指数试点长三角地区推广交流会，并进行大会经验交流。2023年7月，浙江省公平竞争审查和反垄断委员会办公室印发《关于做好全省公平竞争指数编制工作的通知》，公平竞争指数试点成果全省推广。2023年9月，该项工作入选全省民营经济32条落地细则模板，在全省层面印发推广，打造公平竞争审查制度柯桥模式。

二是监管执法全链条覆盖。开展全链条竞争监管执法，加强对行业龙头企业、驰名商标、科技密集型企业的保护，开展破除地方保护和行政性垄断专项行动、滥用行政权力排除、限制竞争行为交叉检查，实施公平竞争审查第三方评估，重点政策措施公平竞争审查全覆盖。

第七节　台州市黄岩区"个体户您好"
全链条"增值化"服务

一、基本情况

个体户是我国市场经营主体的重要组成部分。黄岩区在册个体户近7.2万户，占全区市场经营主体数的70％以上。黄岩区立足个体户

"培育、准入、准营、发展、退出"五个阶段，在全国率先实施"个体户您好"全链条"增值化"服务集成改革，构建起"政务审批服务＋增值化服务"模式，全力激发经营主体的发展活力，创造民营经济发展的新优势。

二、改革举措

一是"风险预防＋创业模拟"强化孵化培育。梳理出行业选择、场地选址、装修规范、合规经营等创业风险内容，开发"个体户您好"线上平台，生成经营指数、竞争指数、商圈指数、热力指数、客群指数五个维度指数及报告，提供选址评估、区位推荐、项目优选等大数据研判导引服务。构建"政企校"孵化共同体，设立大众创业模拟体验工位，让创业者提前感知经营风险，避免盲目创业。

二是"部门联动＋多元集成"推动增值服务。设立"'个体户您好'一类事"专窗，整合行政审批事项与增值化服务事项，集成办理开办、准入准营等"一件事"和创业补贴申领、招工、技能培训等增值化服务内容。特别针对餐饮、美容美发等需要现场核查的8类准营行业，搭建3D装修标准模型，经营者通过VR浏览等方式，即可了解装修规范和行业部门监管要求，实现早日开业。

三是"政策增能＋信用赋能"扶持健康成长。分行业、分领域、分对象建立涉个体户政策库，对每条政策进行标签化处理，涵盖市监、人社、税务、医保等部门，实现政策一库集成、个性分类、精准推送。建立个体户信用评价模型，归集发改、经信等30个部门、118大类、4000多项信用信息，打造个体户信用精准画像，实现全域个体户信用贷款预授信全覆盖。

四是"经营转让＋异常提示"实现价值延续。依托"个体户您好"平台，搭建经营转让信息共享模块，实现异常名录、违法信息、执行信息等警示提醒，最大限度降低转让风险，为个体户创造更大的店铺转让空间。推行个体户经营权转让"一件事"办理，实现个体户变更经营者在成立时间、字号、档案等方面的延续，推动个体户持续经营，打造更多的"百年老店"。

三、成果成效

一是孵化培育精准。为3000名群众通过创业模拟体验开启创客生涯，基地全年孵化个体户1000户，为10000余户个体户提供各类培育服务。

二是审批登记便捷。集成服务办理时间从平均12天减至1天，服务效率提升90％以上。

三是降本增效显著。通过模拟工位、创业场景体验等模式，相关行业经营场所装修返工率从80％降低至10％以内，降低设计和返工成本800余万元；个体户扶持政策精准落地，税费减免成效更为明显。

四是金融服务高效。依托"信用评估融资"平台，全量完成个体户信用预评估，预计减免评估费用3500余万元。

第八节　临海市"涉证企业"退市"一类事"改革

一、基本情况

临海市在浙江省探索推动"涉证企业"退市"一类事"改革。据统计，2023年临海市退市（实际未经营）而未注销营业执照的企业达2120家，注销营业执照而未注销相关许可证的达279家，占全部已注销"涉证企业"的10％。就群众而言，他们对退市认知的缺乏，造成误以为已退市完结而实际未完结的情形，继而产生一定的经济损失或信用损失。就政府而言，许可部门对已注销主体底数不清，造成监管盲区，不利于市场循环准入。

二、改革举措

一是"一单统筹"退市项目，提供增值化服务。全省率先编制《"涉证企业"退市"一类事"增值服务清单》，按照事前、事中、事后3大环节，推出28个服务事项。事前聚焦前置引导，提供经营状况预检、歇业引导等"5＋N"个服务；事中聚焦高效办理，提供证照联销、特殊情形注销指引等19个服务；事后聚焦依法办结，提供资料邮寄、档案归档等4个服务。

二是"一图统管"退市流程，提供协同化服务。制定《"涉证企业"退市"一类事"办理流程图》，依托"台州市内跑服务平台"，在全省创新开辟"证照并销"应用场景，要求各部门通过后台流转、审批、反馈信息，将"多部门先后审"升级为"一平台联合审"模式，压缩审批耗时。

三是"一表统合"退市信息，提供便捷化服务。汇总21个部门注销申请表，全省独创《"涉证企业"退市"一类事"注销申请表》，实现涉证企业证照注销"一表申请"。目前，全市涉证企业办理证照注销已实现"一张表、填三类"，表格量压缩50％、信息条目压缩40％。

四是"一窗统收"退市材料，提供跑一次服务。设置办理专窗，集成市场监管、税务、社保、海关、商务、许可审批等20多个部门工作职能，明确通过"一套材料、一次采集、一次复印、共享使用"的方式收集企业退市材料，避免群众重复提交。目前，年均通过后台共享信息1315条。

三、成果成效

临海"涉证企业"退市实现了15项高频行业全覆盖，通过集中提供28个增值化服务事项，有效破解涉证企业退市"跑多次、进多窗、管多头"的难题，实现"涉证企业"退市"办理流程压缩50%以上、办理时间压缩50%以上、办理窗口压缩50%以上、办理材料压缩50%以上"。目前，全市年均办理涉证企业退市"一类事"服务200余件，累计为企业节约时间1600小时。

第八章

打造公平公正的法治化营商环境

CHAPTER 8

第一节　浙江省司法厅创新推行柔性执法
提升涉企执法监管效能

一、基本情况

浙江省司法厅认真贯彻落实浙江省委营商环境优化提升"一号改革工程"决策部署，深化"大综合一体化"行政执法改革，坚持执法为民，创新推行告知承诺、合规指引、综合查一次、无感监管、首违不罚、简案快办等柔性执法方式，聚力以高水平执法护航企业高质量发展。

二、改革举措

一是创新增值服务路径，增强法治服务力。深化减证便民措施。出台《关于全面推行证明事项告知承诺制的实施意见》，实现地方设定证明事项"清零"，告知承诺制行政许可事项拓展至102项。推进预防性重点产业合规体系建设。出台《关于加强预防性重点产业合规体系建设的指导意见》，强化高频涉法风险的行政指导和法律服务，推动行政执法从"事后处罚"向"事前指导"转变。目前已编制《金华市快递行业合规指引》等7部合规指引，推动企业依法合规经营。

二是构建审慎监管格局，增强法治牵引力。全面推行"综合查一次"。梳理高频执法监管"一件事"75件，统筹执法监管计划和任务，完善多跨协同执法机制，实现"进一次门、查多项事、一次到位"。深化涉企"无感"监管。强化部门协同，深化"信用＋监管"、"双随机、一公开"监管、远程监管、移动监管，针对新经济、新业态创新设置"观察期"，实施审慎监管。推行"行政行为码"。依托"大综合一体化"执法监管数字应用生成监管代码，初步实现行政执法全流程在线运行、留痕可溯、监督预警，目前已赋码174.34万个。

三是完善包容执法体系，增强法治保障力。全面推广"首违不罚"。推行轻微违法告知承诺制，细化轻微违法情形，依法制定从轻、减轻、免罚标准，推动全省24个执法领域明确335项轻微违法不予处罚事项。大力推进"简案快办"。推动行政处罚案件应简尽简，推行电子送达、电子缴纳。推行信用修复。探索实施"三书同达"，向违法企业制发《行政处罚决定书》同时，一并送达《行政合规建议书》《信用修复告知书》，助力企业修复信用。数字赋能执法监督。加快构建"执法扰企"监督模型和执法态势分析制度，对执法行为实现实时监测、在线预警、监督纠正，2023年已在线监测处置涉企涉嫌行政违法线索1300余条。

三、成果成效

2023年以来，浙江省各地通过信息共享、告知承诺制等办理证明事项占比达98.2%。浙江省开展"综合查一次"2.7万次，减少扰企扰民20.55万次。积极开展行政调解。2023年上半年，浙江省受理行政调解案件56.8万件，调处成功32.3万件，其中行政争议调处成功9744件。深化全流程行政复议调解，90.1%的案件在行政复议程序中实现"定分止争"。

第二节　杭州市富阳区办理破产一类事

一、基本情况

富阳区以浙江省全面推进政务服务增值化改革为契机，聚焦办理破产府院协同难、企业获得感不高等问题，创新办理破产的理念、方法、路径和机制，上线"办理破产一类事·融破智联"应用，打通企业"全生命周期"服务"最后一公里"，推动破产领域涉企服务从"多头分散"转变为"一站集成"，构建形成全方位、全要素、全流程的为企服务新业态。

二、改革举措

一是全方位重构服务工作流程。"融破智联"改变传统办理破产线下"登门临柜"模式为线上一键通查的集成办理模式。改革前，破产程序中协同事项多达100余项，所有事项均须线下办理，各个部门壁垒厚重；改革后，梳理形成企业尽调、债权申报、风险预警、基金援助等8个增值服务事项清单，打破各个部门的数据壁垒，归集100余组企业相关的数据源，实现信息一键归集、自动抓取、精准匹配、实时更新。

二是全要素重塑府院联动机制。"融破智联"将被动的、缩减的、未融合的指令模式转变为主动的、扩张的、融合的信号模式。出台以涉破产企业增值服务为主要内容的府院联动数字化工作机制，明确40余个协同部门职责。以富阳区市场监管局为例，改革前，从破产立案到终结，需要13个环节才能完成协同工作；改革后破产信息一经发布，系统自动推送，市场监管局主动在规定期限内完成协同业务，真正实现涉企增值服务一键通办。

三是全流程融入基层社会治理。"融破智联"由抓末端的"治已病"到抓前端的"防未病"模式，并紧紧围绕核心业务，借助大数据、人工智能，对内为办理破产提供智能化保障，对外为党委、政府及时化解破产企业可能存在的风险点提供优质支持。一方面，贯通金融风险监测等平台，全流程监测企业风险信息，通过府院线上联合会诊这一增值服务实现风险的有效甄别、提前预防和联合处置。另一方面，搭建驾驶舱，描绘企业全生命周期画像，辅助党委、政府了解产业现状、发展趋势，为区域产业链培育提供数据支撑。

三、成果成效

一是充分释放发展效能。自上线以来，416件破产案件在线运行，490家破产管理人线上管理，高效盘活资产15.36亿元，释放土地1081亩，出清房产56万平方米，安置职工5857人，推动地区高质量发展。

二是有力提升企业获得感。形成"一次不用跑"的破产领域涉企服务联动闭环，协同办理平均时间从原先的5—7天缩短至1天以内，效率提高一倍以上，全面实现"提速、降费、便利"目标，推动涉企业破产增值服务向更高层次、更宽领域、更深程度发展。

三是优化创新指标体系。"融破智联"的全流程一站式集约服务，直接对标世界银行最新营商环境指标中"破产配套机制质量"针对破产公共服务的评估，更加强调服务的互通性和便利度，其环境保护模块则高度关注破产程序中企业的环保责任。富康球拍破产案入选最高人民法院司法积极稳妥推进碳达峰碳中和典型案例，是全国首个在破产程序中运用数字化手段联动治理生态环境助力小微企业重生的案例。

四是持续扩大改革影响力。浙江高院发文全省推广，破产一类事相关经验做法和成效在《人民法院信息化》《浙江政法》《浙江法院信息》等发布，并获得浙江省高院领导批示肯定，相关调研文章在《人民司法》《中国审判》《人民法院报》等发表。成功入选浙江省涉企服务"一类事"专题微改革案例库、浙江全域数字法院"好"应用、杭州市数字法治系统标志性应用成果等。

第三节　瑞安市涉外商事纠纷调处改革"一类事"

一、基本情况

中办、国办印发的《关于建立"一带一路"国际商事争端解决机制和机构的意见》提出，要建立国际商事争端解决机制和机构。浙江省委书记易炼红在"一号改革工程"大会上强调，要推进企业纠纷处置便利化，要加快从便捷服务到增值服务的全面升级。

在当前全球经济下行、贸易保护主义抬头的大背景下，国际贸易摩擦愈演愈烈，涉外纠纷日益增多。浙江省2022年经贸摩擦类、政策法律等咨询件分别增长163％、241％，司法系统案件受理量急剧上升，企业自主解决困难重重。

涉外事件举证难、外国法律适用难，浙江省受理案件中约70％企业维权"无门"。相较于诉讼、仲裁等司法途径，纠纷调解程序具有灵活度高、成本耗费低等突出优势，且不伤和气。例如在2022年的一起涉外商事纠纷中，瑞安市某外贸公司追讨货款半年无果，贸促会介入后仅用时1个月就成功帮其追回100余万美元欠款，并促成双方后续的贸易合作。

二、改革举措

一是数字赋能。上线数字外贸综合服务平台，为企业提供涉外商事"一类事"服务，包括企业国际化经营风险提示预警、企业国际化经营合规指导、涉外商事纠纷调解等17个事项，目前已累计帮助企业挽回损失1.3亿元。

二是制度建设。率先出台《瑞安市国际商事纠纷诉调对接暨涉外商事法律服务战略合作协议》《涉外商事纠纷诉调对接实施办法》，补足县级诉调对接制度空白。率先出台《瑞安市企业合规指引》，引领瑞安市外贸企业完善合规体系。

三是模式创新。创新属地直接受理机制，争设全国首家县级涉外商事调解中心，在15个重点镇街设置RCEP工作站，同时整合16万瑞籍海外侨商、华侨力量，搭建多个海外联络服务机构，形成涉外商事纠纷调处"1＋15＋N"服务体系，推动从末端辅助到"前台唱主角"。创新纠纷多元调解机制，瑞安市贸促会联合法院成立全省首个涉外商事共享法庭，构建涉外商事"纵向联合调解、横向集体磋商、诉调联动流转"立体解纷体系，一体化推进纠纷调处。比如，在俄罗斯侨企涉嫌洗钱案中，贸促、公安等5部门进行多轮论证，形成"有差别的冻结"建议，被中国侨联、公安部采纳，帮助4家企业解冻资金3800余万元。创新风险预警响应机制，聘任16名"涉外商事服务大使"，组建国际贸易风险快速应对团队，做到风险提前防范规避。比如，预警了巴西某港口罢工事件，提醒相关企业及时将海运转为空运，避免损失700余万元。

三、成果成效

一是治理效能提升方面。简案调处时间缩短至7天，复杂案件缩短至2个月，较司法程序缩短60％以上；调解成功率超60％，且履行率达100％。

二是群众获得感提升方面。预计帮助企业节约法律费用2000万元；指导企业完善合规体系，预计年均可规避损失8000万元；原产地证书打印服务时间从一天半缩短至3分钟。

三是先行领跑方面。荣获浙江省改革突破奖，入选浙江省营商环境"一号改革工程"最佳实践案例、浙江省营商环境"微改革"项目库、浙江省涉外法治"揭榜挂帅"项目，在浙江省委依法治省办"一号改革工程"法治环境例会上作典型交流发言。相关信息报告获《探路者期刊》《浙江信息》《浙江政务信息专报》等多家省市级政府刊物刊登。

第四节 湖州市吴兴区深入推进知识产权"一类事"改革工作 打造知识产权产业园"一站式"服务场景

一、基本情况

重点围绕《浙江省促进民营经济高质量发展若干措施》落地，聚焦民营中小微企业在知识产权领域信息不对称、专业性不强、价值转化率低、协同保护弱等痛点问题，立足基础政务服务，充分吸纳市场侧和社会侧的专业力量，打造线上、线下融合的知识产权一站式公共服务平台，为企业提供个性化、精准式、全链条的增值服务，进一步激活企业自主创新能力，提升市场竞争活力，持续提升满意度和获得感。

二、改革举措

升级完善知识产权"一站式"公共服务平台、国家级知识产权快维中心和知识产权创新中心三位一体的知识产权产业园，全流程融入知识产权增值化服务。迭代"吴"感监测，有"兴"服务——知识产权公共服务平台2.0，创新打造知识产权"一类事"增值服务14项，推动形成全链条、全天候、全过程的特色化知识产权服务新场景，进一步完善知识产权全链条服务体系，为企业提供全方位、多层次、精准化的高质量服务，全面提升区域知识产权创新创造质量、运用效益、保护水平和管理服务效能，为全区特色产业高质量发展提供有力支撑。

一是事前"画像"找准痛点。通过"知识产权画像"无感体检方式，协助企业重点研判产业专利布局和竞争格局，识别技术研发方向，掌握技术热点与空白点，加快提升高价值专利创造能力。如协助浙江三一、德马科技等产业链核心企业完成高价值专利布局15项，进一步强化产业链固链、强链。

二是事中"组团"破解难点。由知识产权管理部门牵头，基于"画像"报告，与专业机构形成"1＋1"组团服务。通过"政府＋代理"，对企业在专利布局、研发方向和规避专利风险等方面提供指导，使其知识产权能力与发展战略相匹配；通过"政府＋高校"，首创"码上许可"专利快速转让模式，吸引中国美院、浙江理工等高校将"沉睡"外观设计专利向童装企业开放，只需"一键扫码"，即可实现专利快速许可，破解产业共性难题；通过"政府＋金融"，联合省担保集团和吴兴农商行开发"政保共担贷"金融产品，设立规模达1亿元的风险池，基于"画像"评分进行差异化授信，有效破解科创型中小微企业知识产权质押融资难题。

三是事后"协同"扫除盲点。依托浙江省唯一的县级知识产权协同保护试点，创新推出"1＋4＋N"知识产权协同保护体系，统筹市监、公安、检察院、法院等部门，挂牌成立知识产权纠纷维权调解中心和知识产权行政司法协同保护中心，推动知识产权领域协同共治。引进专业律师事务所和知识产权纠纷调解委员会等第三方力量，为企业在知识产权诉求流转、维权援助等方面提供"一站式"支持。

三、成果成效

在优化提升知识产权运用"一类事"办事服务的基础上，延伸拓展政策法律事务咨询、知识产权信息检索分析、企业知识产权画像服务、知识产权维权援助服务等多项增值服务，实现知识产权服务事项事前、事中、事后全闭环。进一步提炼推广经验做法，形成增值服务创新模式，预期为企业提供知识产权画像服务100家次以上，为企业配对优质服务机构120家次以上，好评率达到95%以上。通过与金融机构联动，助力100家以上企业获得知识产权质押融资贷款，登记额预计超23亿元。为50家以上企业匹配高校80家以上，助力知识产权许可和转让2400件次以上。

第五节　金华法院深化破产"预重整"
助推企业"涅槃重生"

破产重整是市场经济优胜劣汰规则下必然发生的社会现象，对于民营经济大省浙江而言，破产重整更是市场化优化要素资源配置，夯实高质量发展基础的重要方式。近年来，金华法院秉持能动司法、双赢多赢共赢等审判理念，重视并发挥破产重整制度价值，推进法院成为"生病企业"的"医院"，坚持"抓前端、治未病"，主动靠前服务，创新探索企业前端风险整体化解的预重整模式。

一、基本情况

浙江省中小企业居多，抗风险能力普遍较弱，企业风险前端拯救制度受关注少，缺乏成熟有效的救治模式。企业自行重组一方面受债权人诉讼、执行的钳制，另一方面缺乏法院和管理人的指导参与，重组方案的合法性、可行性缺少保障，举步维艰。出险的中小企业对风险前端化解和整体救治的需求较高。

现有的司法重整程序不可逆，刚性有余，柔性不足，企业一旦重整失败即转为清算、宣告破产，这导致企业不敢申请重整，错过最佳挽救时机。司法重整中，法院通常系被动介入，主动司法能力不足。债权人和债务人在司法重整中意思自治程度低，参与决策权利少。债务人企业和债权人对于更加灵活高效、市场化的重整模式呼声强烈。

为了完善企业救治体系，提高企业前端风险化解能力，包括金华在内的一些地方法院借鉴国外经验，较早开始探索"预重整"模式。但各地预重整探索存在流程不完善、规则不清晰、救治精准度不足、实际效果不佳等问题，预重整的实践效果有待提升。

二、改革举措

一是机制规范专业。金华法院是浙江省最早出台《预重整工作指引》的法院之一，并陆续配套出台了《破产重整实务手册》《破产重整核心文件模板》《金华中小企业快速重整指引》等指导性文件，形成较为规范完整的预重整规则体系。根据企业挽救需要建立个案预重整工作专班，形成"法院主导程序，政府政策保障，管理人提前介入"的预重整运作机制。

二是重整成效突出。2021年以来金华预重整案件受理35家，重整成功28家（包括1家上市公司），受理数和成功数均居浙江省第一。预重整工作经验获浙江省高院、金华市领导等批示肯定，相关信息被浙江省委办公厅刊用，得到《浙江日报》等媒体报道。2023年12月，金华中院主办了"2023破产重整前沿问题（金华）研讨会"，徐阳光、杨忠孝、章恒筑等10多位全国知名的破产法学者，以及最高院、省高院等领导参加研讨，对金华法院的预重整探索给予充分肯定。

三是创新亮点不断。针对企业重整识别难的问题，建立"重整价值＋可行性"重整价值快速识别机制，并引入"阿里重整投融资平台"辅助判断。借鉴国外破产法经验，运用假马竞价方式招募投资人，最大化提升企业资产价值。数智赋能，以"线上会议＋表决"提高效率，节省预重整时间和成本。

四是风险处置闭环。突破现有司法重整的单一模式，构建立转破、审转破、执转破、"执行助企纾困输氧玻璃罩"衔接破产程序，优化预重整流程。构建"立审执—预重整—司法重整"的全方位企业风险处置闭环。

五是多方协同助力。金华中院、浙师大、市破产管理人协会联合建立"浙江师范大学破产法研究中心"，强化三方协同，深化预重整理论和实务融合，丰富预重整在市场资源有效盘活、社会矛盾整体化解、经济产业层次提升等方面的增值服务。

三、成果成效

一是创新机制体制。整合府院、浙师大、破产管理人协会等三方资源协同发力，出台相关配套制度，形成企业整体风险处置闭环管理，推动形成企业前端风险全链条智治、全方位化解的工作体系。

二是推进模式试点。预重整机制不断规范化、专业化，预重整管理人选定、企业重整价值识别、投资人精准招募等举措不断优化。全市法院全面推进预重整适用，将预重整作为中小企业脱困升级、高质量发展的首选模式。

三是靠前司法服务。充分发挥司法能动作用，法院重整保护战线前移，不断提高法院服务经济的能力，从后端被动的条块式破产重整，转为前端主动服务的预重整。

四是打造预重整保护领先地。紧紧围绕"营商环境优化提升"一号工程，对标营商环境"办理破产"评价指标，提高预重整的适用率和成功率。在党委、政府的支持下，不断探索创新机制，提高中小企业挽救数量和质量，争取将金华市打造成企业预重整保护领先地。

第六节　缙云县创推涉公合同"一类事"服务场景打造"全要素"服管融合新生态

一、基本情况

涉公合同是党政机关、事业单位、国有企业作为一方当事人与公民、法人或其他组织达成的书面协议，其签订履约情况直接关系到企业利益。现阶段存在以下问题：一是原有涉公合同模式重管理、少服务。原模式主要为政府内部自我约束手段，企业直接获取相关服务较少。二是市场经营主体在涉公经济活动中较弱势、处于被动。部分合同对市场经营主体的违约金、保证金等设定较高，对政府端预付款设定较少。三是合同管理环节存在漏洞、风险防范不足。涉公合同周期长、环节多，普遍面临合同底数不清、情况不明、管理乏力等问题，合同违约风险较高。

二、改革举措

在缙云县级企业综合服务中心运行框架下构建涉公合同"一类事"服务场景，搭建全县涉公合同数据仓，纵向畅通合同全流程在线管理，横向联通公共资源交易平台等16项共享数据，打破合同管理盲区，为企业打造公平公开、舒心安心、有感可感的政商合作新生态。

一是聚焦"企业之未想"，事前供给精准便捷的咨询服务。供给"一站式"法律咨询。在县企业综合服务中心法治板块提供咨询服务，分行业制作"正负面清单"，实现惠企政策和禁止事项一次性告知。供给"精准化"法治体检。构建"一企一站""多企一站""片区一站"等个性助企网格，对企业合同规范签订提供法治体检服务。目前已供给法治体检服务420次，解答疑难问题758件。供给"全体量"合同范本。建立合同示范文本库，收录建设工程合同、租赁合同等普适性标准化程度较高的合同，供企业按需下载，已上传合同范本204份。

二是聚焦"企业之所需"，事中集成合同签订指导服务。构建多侧协同审查模式。出台《缙云县涉公合同签订指导意见》，建立专岗对接企业的合同草案，创新"智能＋人工"双节点审查模式，引入法律顾问供给市场侧审查服务，高效拦截行业限制等条款。如增设"政府采购项目预付款支付比例40％以上"条款，已惠及项目196个，企业收到预付款1900万元。提出履约风险防范建议。根据不同交易模式，结合企业信用、注册资本、股权结构等内容，分析项目与企业履约能力的匹配性，提供个性化合规建议。畅通合同条款变更渠道。智能预警企业被行政处罚、被列入经营异常名单等信息，在发生不可抗力、情势变更或双方达成合意时，提供条款变更指导服务。如某PPP项目合同履行中，投资主体的母公司被列入监管黑名单，发生履约风险，经指导，投资主体与母公司割断，重新达成合意，项目顺利进行。

三是聚焦"政府之所能"，事后延伸价款支付保障服务。实行联动监管。迭代升级涉公合同管理"一体化"应用，协同纪委、审计等部门对合同履约全过程开展督查，提升监管质效。目前发现风险问题43条，均已整改。建立履约预警。建立价款支付智能预警机制，在价款支付超期、支付金额不足等节点配置监管提醒。已对价款逾期支付情况发出智能提示83次，保障价款及时支付到位。集成金融服务。汇集履约保函、预付款保函等金融服务，强化涉公合同信用担保，提升小微企业融资可得性和便利性。已为企业提供授信金额2989万元，预付款保函保额1472万元，履约保函保额136万元。

三、成果成效

一是让利企业。变管理思维为用户思维，在涉公经济活动中叠加咨询、法律、金融等衍生服务，通过事前精准咨询、事中集成指导、事后保障支付，减轻市场经营主体负担，确保企业平等、便利参与政府项目。

二是提质监管。实施全链条管理，依托数字化平台一体把控合同审查、履约监管等关键节点，实现智能审查、智能提醒、智能归档，管理效率提升90％以上，监管成本下降超80％。

三是降低风险。规范涉公合同起草、签订、履约等过程，提升政府行为合法性，促进高质高效履约，降低企业民商事纠纷诉讼风险和政府法律风险。

第七节　宁波市奉化区探索实施行政征迁司法确认制度　护航重大项目落地建设

一、基本情况

习近平总书记指出，"法治是最好的营商环境"，"要推动更多法治力量向引导和疏导端用力"。实施行政征迁司法确认制度，是落实党中央有关诉源治理工作部署的重要路径。省委、省政府提出，要优服务、强保障，形成推动重大项目建设提速提效的强大合力。省涉营商环境法规制度"立改废释"专项行动提出，聚焦部分重点领域制度保障存在的空白，鼓励推出一批制度含金量高的创制性立法。随着经济发展和城市化推进，奉化拆迁业务增长快、体量大，征地拆迁纠纷多发高发，拖延项目进程。

二、改革举措

一是引导司法确认嵌入征迁流程。变"法律留白"为"制度重塑"。参照"民事调解协议司法确认"做法，将重大工程项目补偿安置协议纳入司法确认范围，明确征收部门与被征收人在达成征收补偿安置协议后，可共同向法院申请司法确认，法院通过合法性审查后，赋予当事人签订的补偿安置协议强制执行力。

二是构建司法确认闭环处理机制。变"事后处理"为"事前防御"。制定《奉化区补偿安置协议司法确认规范标准》《房屋征迁补偿安置协议司法确认申请工作指导意见（试行）》等文件，创设申请引导、前置审核、监督检察、最终审查的行政争议闭环处理机制，实现检察、司法等部门全程监督司法确认工作全过程和群众办事"最多跑一次"。

三是开发司法确认数字化应用。变"分散粗放"为"协同集约"。依托"移动微法院"等平台，首创开发司法确认审查模块，实现100%在线立案、审查、送达。健全府院常态化联动机制，建立跨部门、多系统联席会议制度，实现信息互通、问题共商。2023年司法确认审查模块上线运行，更多信息跨部门联通共享。

三、成果成效

一是实现行政争议诉源治理"提效"。司法确认制度的定分止争作用进一步发挥，改革实施以来，征迁行政诉讼案件数量同比下降40.5%。

二是实现重大项目征迁"提速"。通过促进诚信履约，司法确认后的毁约和申请强制腾房案件数量大幅减少，项目周期平均缩短15个月。改革实施以来，累计助推奉化21个重点工程总投资96.7亿元顺利落地，其中2023年在3个重大工程项目拆迁中实施，累计投资16.6亿元。

三是实现被拆迁人利益保护"提质"。2023年完成线上审核监督司法确认申请156件，其中退回或建议行政机关纠正不规范问题的40件。

四是实现制度性标志性成果"提能"。填补了国内行政协议司法确认"法律空白"。形成实施办法等规范性文件17份，已在宁波所有区（县、市）落地实施。经验做法信息在《最高人民法院简报》《浙里改（专报）》上刊登，并获得领导批示肯定。

第九章

推进制度型开放的国际化营商环境

CHAPTER 9

第一节　陆路启运港退税政策试点落地
助力打造国际化一流营商环境

一、基本情况

启运港退税政策是我国出口退税模式的一项重大改革创新，可有效缩短退税周期、降低企业财务和物流成本。省财政厅与省税务局、杭州海关、金华市委市政府通力协作，成功争取并组织实施金华、义乌陆路启运港退税政策试点，推动三个"一号工程"深入实施，助力打造营商环境最优省。

二、改革举措

一是流程再造。创新出口退税办理流程，原先在边境口岸办结清关手续离开国境后才能申报退税，目前在金华、义乌铁路场站装运报关后即可办理退税，流程由5个环节缩短为3个环节。

二是多跨协同。横向联通财政、海关、税务等部门；纵向协同省、市、县一体推进，合力建立"财、关、税、港""大专班"工作机制，实现政务服务效能最大化。

三是数字赋能。迭代升级海关报关和税务办税系统，由启运地海关对货物办理放行手续后，生成货物报关单电子信息，线上即时传输给税务部门，企业即可"无感退税"。

四是闭环管理。以企业获得感、满意度为标尺，加强政策效应评估，深入分析政策执行中的问题，持续调整优化，用足用好试点政策，最大限度发挥政策红利。

三、成果成效

首批陆路启运港退税于2023年10月初顺利落地实施，实现了金东义乌双平台、生产外贸两类企业、中欧班列和海铁联运双渠道"2＋2＋2"模式下业务全贯通、政策全覆盖。

一是助力企业降本增效。改革实施后，退税周期平均缩短15天以上，以2022年数据测算，相关企业可提前获得退税资金9亿元以上，大大降低企业时间和财务成本。

二是叠加享受"双港"政策。金华、义乌陆路启运港政策叠加上半年争取的宁波舟山港政策，使浙江省成为全国唯一兼具水路、陆路启运港的省份。外贸企业可根据自身情况灵活选择水路或陆路离境方式，初步测算浙江省超千亿元出口货物可享受启运港退税政策。

三是提升金义开放能级。改革实施后，金华、义乌靠前成为内陆"一线"对外口岸，吸引周边省份货物前来中转出口，大幅提升"义甬舟"大通道和"义新欧"班列的辐射服务能力。

四是优化国际营商环境。建立报关后即受即审即退机制，以制度型开放为企业提供增值式服务，放大"义新欧"班列联通50多个国家160多个城市的国际物流通道优势，为数万余家外贸出口企业和广大外商采购提供与国际接轨"无时差"的一流营商环境。

第二节　为侨服务"全球通"全国试点

一、基本情况

浙江作为我国重点侨乡，有200多万华侨华人、港澳同胞和留学生，生活在世界180多个国家和地区，浙里为侨服务"全球通"应用结合侨胞急难愁盼需求和侨务工作难点堵点，通过分析历年涉侨高频事项实际办理数量，开展需求问卷调查工作，提炼出侨胞的三大现实需求：一是海外侨胞跨境办事不便，主要存在侨胞国内外往返跑、耗时多、成本高的问题；二是华侨要素精准回流缺乏引导，华侨回乡创新创业、共同富裕建设等方面，存在需求对接难、资源供给不匹配的问题；三是涉侨统筹管理模式需进一步提升，海内外往来互动不规范、重大活动缺乏组织引导、侨界思想引领缺少平台，为侨公共服务工作凝心聚力作用亟待更好发挥。

二、改革举措

浙里为侨服务"全球通"应用坚持"线下改革＋线上重塑"，与教育考试院、公安厅等部门共同努力，将侨生中高考优待加分认证环节由9个减少至4个。大力推进温州、青田侨汇结汇改革试点，实现侨汇结汇额度重大突破，最高额度达50万美元。出台《浙江省侨团规范化管理办法》等制度性文件，健全侨团管理工作规范、管理制度和评价体系，形成侨团发展全链条管理。

一是坚持"需求分析＋急用先行"，找准侨务工作数字化建设的逻辑起点，通过侨胞约谈、电话访谈、问卷调查等多种形式，全面梳理摸清侨胞需求。以服务远程办事、要素回流为侨服务"全球通"建设重点，搭建为侨服务远程办事平台，提升"互联网＋政务服务"水平，实现为侨服务事项"一网通办"。有效整合侨资侨智，实现资源收集、需求匹配、产业转型，带动华侨侨乡共同富裕。

二是坚持"横向协同＋纵向贯通"，打通全省横向涉侨部门和纵向三级统战侨务部门壁垒。纵向推进全省三级统战侨务部门统一建设、统一登录、统一管理，健全整体联动、高效协同的工作机制。塑造全新侨务智管业务流程，打造涉侨统筹、侨团助手、应急处突等功能，以数字化赋能涉侨统筹、侨团规范化建设、侨情智能分析等侨务工作各领域，为加强全省统筹、完善侨团管理发挥重要作用。

三、成果成效

浙里为侨服务"全球通"应用已实现18个部门多跨协同，综合集成127个涉侨服务事项，依托开设19个海外志愿服务点，打造侨事服务、司法服务、华侨身份认定一件事和侨呼我为等功能，截至2023年11月底，"全球通"应用注册用户已达71776人，累计访问量183.5万人次。浙籍侨胞通过"全球通"应用办理事项总计71807件，其中线上远程办事22966件，线上直办48841件。深入推进温州、青田侨汇结汇改革试点，实现侨汇结汇额度重大突破，累计完成3426笔侨汇结汇申请审批，实际完成结汇1.20亿美元。归集321个招商项目，涉及招商总资金4000亿元。引导侨企侨商外贸订单、资金回流，持续推进侨助工坊各地实践，目前全省纳入"侨助工坊"培育对象的来料加工点2100余家，侨商订单金额50余亿元，发放来料加工费7.5亿元，带动就业人员1.9万人，年人均增收近4万元。

第三节　桐乡市首创境外投资"一类事"服务场景助力企业延伸"藤蔓"、阔步"出海"

一、基本情况

延伸"藤蔓"是中国企业加速抢占全球市场的制胜之道。面对产业升级的动力、要素制约和资源环境的压力，中国企业主动应对"脱钩断链"风险，积极寻找新出路，在"一带一路"倡议、"双循环"等国家战略指导下，主动将版图扩展到全球，参与全球供应链区域布局和产业链重塑，在强"藤蔓"上下功夫，在做大"地瓜"上做功课，"在更大的空间内实现更大发展"。

习近平总书记强调，要"从全球视野布局产业链供应链建设，不断提升产业链供应链韧性和安全水平"。当前，全球面临经济下行严峻形势，中美博弈强度升级、政经环境动荡加剧，通货膨胀、汇率不稳等问题频发。中国企业与西方跨国公司正面竞争加剧，面临当地运营合规、安全审查、反垄断审查、单边制裁、知识产权侵权等多方面风险，亟须建立防范风险、化解风险的"政府＋社会＋企业"协同机制，帮助企业开展海外营商环境评估，提升抗风险韧性，促进境外投资经营活动科学、合规、稳健。

二、改革举措

一是以"政府＋"增值，构建全链条境外投资服务模式。第一，构建"三个一"机制。创新一个海外投资资讯库、一份投资资源清单、一批国别环境分析报告的"三个一"机制，整合发改、商务、经信等10余个部门及中介机构服务资源，共享投资地区经贸往来情况及投资营商环境信息，助力企业评估海外投资环境、研判投资可行性，指引企业合理布局产业规划。第二，纳入"一专窗"受理。在该市企业综合服务中心设立境外投资"一类事"专窗，实现境外投资备案、境外投资项目备案等业务"一个口子"受理。推出"抱团出海"法律服务、出入境"企业服务直通车"等境外投资增值服务事项33项，将政府、社会、市场服务资源统一纳入专窗管理。第三，建立"一团队"服务。建立"1＋N"服务团队，由市商务局分管领导担任首席服务专员，增值事项牵头单位业务负责人担任联络员，实施"前台综合受理、后台分类联办、限时办结反馈"运行机制。

二是以"产业＋"强链，构建全球化境外产业生态模式。第一，打造头部企业集聚。打造总投资超100亿元的桐乡凤凰湖总部基地，集聚巨石、华友钴业、桐昆等10家全球产业链头部企业，以政策支持企业加强跨国资源整合，促进总部企业项目集聚，形成以总部经济为引领、新材料先进制造业集群为主体的现代化产业体系，壮大地瓜"块茎"，让企业走得出更能回得来。第二，助推海外基地发展。依托国际产业链供应链创新合作省级试点，推动龙头企业设立海外生产基地、开展国际产能合作，促进对外投资与对外贸易协同发展，助推振石印尼华宝工业园、华友印尼波马拉工业园、巨石埃及玻纤基地等加速崛起，帮助企业统筹国际国内"两种资源""两个市场"，让企业走得更稳、底气更足。第三，强化"链主"功能引领。发挥"链主"企业的带头作用，开展"链上桐享助千企"等行动，鼓励龙头企业共享境外投资模式和成功案例，带动产业链上下游企业"出海共赢"。目前，已带动项目基建、劳工招引、物流运输等领域70余家中小企业"走出去"，直接对外投资超110亿美元，让供应链成为"共赢链"。

三是以"金融＋"赋能，创新定制式跨境融资增值模式。第一，链接金融资源渠道。整合省、市、县三级金融资源，搭建银企融资对接会、"梧桐树讲堂"等载体，创新梧桐树小微企业担保服务、中小企业贷款风险补偿等机制，靠前对接企业跨境融资诉求，构建"市场＋政府"跨境融资支持体系。第二，定制个性特色服务。优化跨境金融特色服务，助力企业享受本外币一体化资金池、国际化银团保障、境外放款额度等个性化"定制式"融资增值服务。助推华友钴业成为全省首个跨国公司本外币一体化资金池业务试点企业，便利企业统筹使用跨境资金，减少对外部融资依赖，帮助企业降低1%汇兑成本。第三，做优金融服务支持。加大重大境外投资项目支持力度，全省率先组建大型跨境银团贷款，提前介入评审指导，全流程精准推动银团落地。如华飞印尼项目，银团从组建到落地仅用时38天，突破了境外银团项目至少3个月才能落地的常规时效（该项目是近年来浙江省投资金额最大的"一带一路"建设项目，也是全球首个美元、跨境人民币及离岸人民币多币种可持续性挂钩银团）。

四是以"法治＋"护航，创新抱团式境外风险防控模式。第一，创新服务载体。设立实体化涉外法律服务中心，聚合政府、企业、律师、金融、商协会等9类资源力量，目前已与40余家涉外法律机构、59个海外联络处达成战略合作。全省首创"抱团出海"增值化法治服务模式，依托本土跨国企业业务先发优势，引导巨石等5家跨国企业带头共享法律查明、政策解读、专家咨询等多元化海外法律资源。第二，指导合规风控。已形成埃及、匈牙利等7个国家的投资风险报告，指导企业应对贸易管制、反垄断审查、税务审查、汇率风险等16类专项领域风险。立足化纤、锂电材料等重点产业，将产业合规和境外投资合规同步推进，助力华友钴业成为全球首家通过合规管理体系认证的新能源锂电材料企业。第三，建设海外驿站。建立国际商事法律服务调解联络点，完善多元化诉调推动联动、案件流转机制，推进跨境争议多部门联动解纷，涉外纠纷化解案均周期压缩40%以上。重点设立海外知识产权维权援助服务站，链接"两中心一联盟"[知识产权保护中心、浙江知识产权交易中心嘉兴（桐乡）中心、浙江（桐乡）针织产业知识产权联盟]，依托2个国家试点资源（创新管理知识产权国际标准实施首批国家重点试点区域、国家知识产权第二批知识产权纠纷快速处理试点），集成知识产权海外维权指导、海外专利申请奖励申报、知识产权维权奖励申报等增值服务，指导晶通塑胶等10余家企业成功应对涉外知识产权纠纷。

三、成果成效

一是实现产业链韧性和产业竞争力的"双提升"。助力企业将产业"藤蔓"持续延伸至世界各地，向上游延伸到基础产业环节和产品研发环节，向下游拓展至市场和消费环节，进一步提升参与市场竞争的主动权和话语权。通过在全球范围内更加高效地配置优质资源、开拓市场，助力企业降低原材料成本和营销成本、提高生产效率和产业附加值，提升产业在全球产业分工中的地位和竞争力。以振石为例，实施"走出去"战略十年来，在全球范围内打通了"红土镍矿—镍铁冶炼—不锈钢"上下游产业链，营业收入增长1.9倍，上缴税金增长5.2倍，主要经济指标年均保持两位数以上增长，实现自身产业链供应链体系、内外贸综合实力提能升级。

二是实现企业走得出和回得来的"双提升"。通过建强总部"块茎"、延展全球"藤蔓"，让企业资金、项目"反哺"国内。2023年，该市新批（含增资）境外投资企业23家，累计中方投资额25.9亿美元，总量稳居嘉兴首位，浙江省前列。加快形成本地产业链供应链利益共同体，以该市玻纤产业链为例，产业链增加值率达63.5%，盈利能力提升超50%，年产值超300亿元。发挥境外投资对外贸的辐射效应，带动本土装备制造业、轻工用品等产业出口，为该市外贸出口注入"生机"，2023年，外经带动外贸80亿元以上，同比增长40%。

三是实现防风险意识和抗风险能力的"双提升"。通过"抱团出海"增值化法治服务模式，有效开展境外"风险识别、安全保障、纠纷化解"等增值服务，并与"全国法盟"达成合作，落地东南亚投资法务论坛，服务全省、辐射全国。目前，该市一家律所拟赴印尼雅加达设立分支机构，精准服务出海印尼企业。下一步，将持续发挥"出海法律服务团"专家资源、专业渠道优势，建设与中国企业可持续国际化发展相匹配的境外安全风险专业服务，帮助"走出去"企业审慎应对变局、妥善化解危局、主动拥抱新局。

四是实现服务事项和服务质效的"双提升"。发挥改革赋能的倍增作用，聚焦"走出去"企业境外投资、审批、建设投产、市场运行等完整动态轨迹，持续做大"乘法效应"，建强境外投资"一类事"专窗服务机制，提供更多领域的衍生服务。出海法律服务做法连续四次获《浙江信息》《浙江政务信息》刊登，并获浙江省领导批示肯定。振石控股集团境外利润回归本土再投资做法获浙江省领导批示肯定。

第四节　义乌探索外国人创业无忧"一类事"集成改革　打造"一带一路"国际贸易环境最优市

一、基本情况

开办公司创业是外国人在义居留经商的主要途径，以往外国人创业主要面临三难。一是多头跑。相较于中国公民，外国人投资创业需多跑市场监管、科技、海关、公安等部门，多次跑、跑多地，耗时费力。二是门槛高。外国人工作许可分为A、B、C三类，在义外国人以中低端外贸生意为主，一般只签发C类工作许可，需出境重新申请职业类签证入境后才能办理工作签证。三是体验感差。外国人因语言障碍，对审批事项流程和政策理解不清，需要支付高额费用找中介公司代办。

二、改革举措

一是以"融合＋协作"，打造更加高效涉外办事环境，助力外商"进得来"。推广线上移民事务服务中心，整合各类服务资源，集成126项涉外服务事项，为外国人提供政务、商务、生活一站式服务便利，上线创业无忧"一类事"办事入口，涉及的9项审批业务中5项业务全程网办，2项零跑即办，2项只跑一次。成立"一站式通办窗口"，集公安、科技、市场监管等部门审批职能为一体，实现多跨协同的"并联"式审批，实现外国人创业"一类事"一个窗口一次办，办事周期从29个工作日缩减为10个工作日。实施部门共享监管机制，搭建外商信息数据库，共享17个部门520多万条外国人数据，多维度掌握外商在义情况，完善信用评价，督促守法经营。

二是以"保障＋激励"，打造更加优越外商创业环境，助力外商"营得顺"。释放部门政策红利，公安部门实施宽松便利的停居留政策，为外商提供免出境直接签发工作签证和签发长期居留许可便利；市场监管部门出台信用承诺下的容缺受理制度，免交外文翻译材料；科技局放宽工作许可准入门槛，自贸区创业可免除履职经历要求；税务、人社部门配套创业相应的自贸区人才补贴政策和奖励政策，促进涉外企业健康发展；等等。打造创业孵化基地，吸引更多外籍留学生来义创业，通过义乌工商学院本土培育在校留学生，毕业后直接创业，通过人才发展集团招引全国192家高校的留学生来义创业，为其提供安居、培训、代办等全流程服务。提供金融服务便利，创新外商个人账户"一件事"办理，实现个人外汇结算账户和人民币账户同步申请、一次办理，为外商顺利开展贸易提供金融保障。

三是以"服务＋融入"，打造更加人文工作生活环境，助力外商"融得进"。优化外商市民体验，发放外籍商友卡30.2万张，在身份认证、诚信体系、金融服务、社会保障、国际贸易等领域拓展25个服务应用场景，如市场采购、子女就学、医院就医、城市交通、买房贷款、消费购物等，外国人凭借该卡享受相应的服务便利；促进外商社会融入，在社区、人员集聚区设立8个移民服务站点，从高铁、机场，到宾馆、社区，再到高校、市场，外国人服务延伸覆盖到基层，移民服务站提供签证咨询、业务代办、免费翻译等服务便利，提供汉语、音乐、国学、创业等培训课程，组织外国人参与纠纷调解、文化交流、社区巡逻、文明劝导等活动，让更多的"洋娘舅""洋志愿者"参与社区服务管理。提升外商认同归属感，以"讲好在中国故事"，宣传外商创业正面典型案例40余例，带动更多外商来义，筛选百余名优秀外商，从中择优推荐申请外国人永久居留。

三、成果成效

通过推进外国人创业无忧"一类事"集成改革，义乌实现了外国人办事成本更低，2023年以来节约办事成本约2700万元；部门审批效率更高，共享核查结果1560人次，减少四项护照信息材料审核；社会治理能力更强，拒绝22名存疑外国人外资企业登记，源头杜绝通过挂靠公司骗取签证行为，涉外贸易合同诈骗案件数从每年100余起下降到个位数；外国人的创业环境更好，2023年以来累计办理工作签证3819件次，同比增长58%。登记境外人员19.25万人次，同比增长163.5%，常住外国人口1.6万，已经超过2019年高峰期人数。现有外资经营主体8656家，2023年新增554家。2024年1—4月，义乌市进出口总值达2010.6亿元，同比增长22.0%；其中出口1763.8亿元，同比增长19.9%；进口246.8亿元，同比增长39.5%，进出口、出口和进口值占全省份额分别为12.3%、14.7%和5.6%，占比分别提升1.6、1.7和1.2个百分点。

第五节　平湖市推进涉外服务"一类事"改革 打造高质量外资集聚地

一、基本情况

在"引资"走向"引智"的过程中，涉外领域办事碎片化的问题，仍是发展的堵点和痛点，亟须用改革的办法解决。背靠上海、面向大海的"两海"优势，给予平湖承接上海产业外溢的先天增点，但如何在涉外政务品质上与上海、杭州等一线城市高效对接，既是机遇也是挑战。

二、改革举措

一是高水平建设"管理中心"，提升"一类事"政务集成。"一盘棋"整体推进。聚焦破解办事碎片化的问题，将外籍人士最为关注的流程不明、分跑多地、分散办理等热点问题形成11个破难课题，以清单形式落实责任部门挂图作战、倒排工期、逐一销号。同时，加快构建国（境）外人士全息数据舱，开展国（境）外人士基础信息采集、动态信息研判、多元情报精准应用等工作。"一类事"集成联办。围绕外资、外贸、外汇、外专、外籍等"六外"内容，不断整合部门资源，将无犯罪证明、涉外公证等相关涉外事项整合进入"一类事"，形成外籍人士来华联办机制，实现涉外事项办理一条龙服务，已建成超过3400平方米的涉外管理服务中心。截至目前，累计服务国（境）外人员8400余人次，预警签证到期等提醒30余次，实现涉外管理的"有形服务"和"有效管理"。"一次办"提升效率。聚焦企业境外商务活动、贸易往来等现实需求，开设企业出境商务专窗，建立惠企服务绿色通道，创新企业预约团体办、企业亟须即时办等工作模式。同时，率先启动原产地证书便利化24小时自助打印、取证服务，进一步提升为企服务效能。2023年以来，已办理预约服务1794次，解决紧急事宜153次，提供证书自助服务2573次。在全省率先试点外籍人士工作许可、居留许可"一窗受理、双联双审"，将跨部门、跨事项的"两证"办理时限压缩72%，目前已累计帮助在平企业办理赴外办公出入境手续3000余人次。

二是高层次筑巢"人才之家"，创新"多元化"增值服务。科学统筹资源。公安、外事、科技、司法、商务等24个涉外职能部门，联合组建核心服务团队，在明湖畔建设"人才之家"，在证件办理、社会保障、商务咨询、生活便利、个性化服务等5大类99个涉外事项上为涉外企业及外籍群体提供精准化、便利化服务。提供专业项目。首创"常态＋预约＋第三方"运行机制，在"人才之家"引进上海傲青管理顾问、浙江汇信科技等4家第三方机构，定时组织文化交流、法律宣传、商务推介等体验活动，打造人才家宴、湖畔下午茶、健身课堂、社团活动等一批口碑项目，累计服务高层次人才9300余人次。创新积分管理。设计全新的平湖"人才之家"积分管理系统，系统涵盖了场地介绍、会议预定、积分登记等10余项功能，高层次人才通过参加"人才之家"系列活动获取相应积分，积分可兑换增值服务，在增强"人才之家"吸引力的同时，使人才真切感受到平湖服务的"温度"与"速度"。

三是高规格提供"配套服务"，构筑"定制式"需求保障。精准对接需求。一以贯之注重招商队伍建设，招商干部中英、日、德等外语招商员占比40%以上。结合外资投资偏好，大力实施"筑巢工程"，重点推进标准厂房建设和定制厂房服务，不断改善企业落户"硬环境"，目前欧洲（德国）产业园内建成及在建标准厂房绝大部分严格按照德国标准设计建造。加强人才供给。针对当前外资企业主要以机电制造为主、专业技术程度较高的情况，大力助推"双元六共"校企协同模式，打造高素质劳动者队伍。推动市内职业院校与日本冈山科学技术专门学校、日本山梨学院等国外知名院校开展合作办学，与德国手工业协会、德未特国际教育集团、德国ITS国际培训集团等合作成立"2025中德职业教育联盟"。已累计定制对口培养专业技能学生2000余名，毕业后全部实现定向就业。提供人性化服务。在外资集聚的平湖经济技术开发区成立外企服务中心，通过"一对一""点对点"的结对方式，在项目推进、居住生活、子女就学、医疗保障等方面实现一门受理、全程跟踪的生产生活全方位服务。积极打造国际化配套服务环境，引进加拿大枫叶、英国卡迪夫国际学校，建设樱花公园、棒球小镇，营造良好的涉外人居环境。

三、成果成效

一是外资集聚度更加明显。该市现有187个外资来源地的外资企业831家，其中世界500强企业51家、全球行业领先企业41家，是全省最大的日资投资企业集聚区，已连续24年获全省利用外资和外贸进出口"双十强"。2023年，平湖实际利用外资规模列省县级市第一。

二是改革辨识度不断彰显。揭榜挂帅获第一批"公安大脑"核心应用子场景，"创新外企增值服务改革"入选全省政务服务增值化改革

"一市一品"特色亮点项目，经验简报先后刊登于浙里改《竞跑者》等。相关工作获时任省领导肯定批示。

三是企业获得感显著提升。国家级平湖经济技术开发区获《人民日报》"全国最受日商欢迎的开发区"荣誉。2023年4月，全市外资企业和外商调研显示，99.2%受访外资企业对平湖发展有信心，其中87.3%计划在2年内增资扩股。

第六节　宁波市抵港外国籍船舶"临开不查"机制引领国际规则

一、基本情况

"临开不查"，是指对抵达某一港口的外国籍船舶，在临近开航前的合理时间内不对其实施检查，以避免检查活动对船舶离港造成不必要的延误。宁波结合辖区实际和港口国监督专业优势，首创抵港外国籍船舶"临开不查"机制，并推动其成为国际海事规则，进一步释放港口生产活力，力促航运经济复苏和贸易自由化便利化，助力实现浙江省"打造营商环境最优省"目标。

二、改革举措

海事部门优化选船环节，将船舶风险等级、检查窗口期、在港历史表现、港口生产计划、船期安排、是否涉及重要物资运输等监管、安全、效率、民生等多重要素充分融合并严格筛选，对符合条件且临近开航的船舶实施"临开不查"。同时，加强事中事后监管，跟踪关注船舶离港后的表现，如发生事故险情违章等情况，坚决落实通报和再次抵港后详细检查等举措；定期召集港口、船舶代理、航运公司等相关单位举办"临开不查"评估会，对存在的问题、取得的成效、下一步优化措施等展开沟通交流，达成共识。

三、成果成效

一是机制上升为国际标准惠及全球过半运力。2023年1月1日，"临开不查"机制正式在亚太地区港口国监督谅解备忘录组织包括我国在内的21个成员国和地区实施，实施范围覆盖300余条主要国际航线，惠及超64%的全球运力，成为提升我国国际海事制度性话语权、力促我国口岸贸易便利的"中国方案"。

二是精准选船实现安全、效益双赢。通过精准实施"临开不查"，海事部门确保了实施外国籍船舶检查时船舶均有充足在港时间，保证检查程序的有效履行和检查范围的有效覆盖，同时最大限度地缩短了船舶在港时间，释放港口生产活力，有力促进了口岸贸易便利化及全球物流供应链的安全畅通，推动安全与效应双赢局面的形成。

经统计，"临开不查"机制2023年起在宁波正式实施以来，海事部门对超过到港可检船舶总数的41%，共计3268艘次临近开航船舶进行了针对性评估和规避，对其中215艘次船舶实施"临开不查"机制，有效减少船舶滞港时间526小时，激活港口装卸货作业生产力460万吨，并为航运企业大幅降低运营成本，节省滞期费超1.8亿元，工作成效得到了系统内外、省、市和航运业界的广泛关注和赞赏，《中国交通报》《中国水运报》《宁波日报》等国内行业和地方主流媒体均在头版或醒目位置予以报道。主张"临开不查"的国际提案获评交通运输部海事局2022年度国际会议优秀提案。2023年起，全国开放口岸均已参照亚太地区检查程序实施"临开不查"机制，该机制也被纳入了交通运输部海事局《船舶安全监督工作程序》的最新修订内容，即将成为外国籍船舶监管的标准流程。

第十章
创造便利可及的数字化营商环境
CHAPTER 10

第一节　浙江省市场监管局创新实施
企业年报"多报合一"改革

一、基本情况

聚焦企业年报"多头报、重复报"难题和年报数据不规范，政企、部门间信息不对称等困境，省市场监管局联合省税务局率先在全省范围实施企业年报"多报合一"改革，有效减轻了企业负担，提升了监管效能。改革成果由国办发文，市场监管总局召开现场会向全国推广。

二、改革举措

一是整合年报系统平台。通过用户体系"合"、年报数据"合"、系统页面"合"，依托国家企业信用信息公示系统，打造"多报合一"数字化应用。企业只要登录一个系统就能一次性完成涉及市场监管、税务、海关、商务、外汇、人社、统计等多部门年报，且每个数据项只需录入一次，简化填报流程，减轻企业负担。通过部门间年报数据和监管数据互通，自动关联读取年报重复数据项，为"多报合一"及年报日常数据监测、综合数据分析和相关监管工作提供数据支撑。

二是以"联合服"推动"联合报"。联合"多报合一"部门开展年报服务，加强宣传培训，畅通答复咨询渠道，形成工作合力，进一步提高年报工作效率。联合开展业务培训，提高干部年报业务水平和服务企业能力。面向企业、中介机构有针对性地开展"多报合一"培训，强化年报意识。充分运用传统媒体和新媒体宣传企业年报"多报合一"，将年报工作融入地方优化营商环境等工作大局，扩大"多报合一"工作影响力。各级"多报合一"部门协调配合，运用客服热线、官方平台、上门指导等方式解决企业年报过程中的难题，推动年报工作顺利开展。

三是推进智慧监管，实施联合监管。以"智联查"等智慧监管方式，对年报信息进行数据比对，比对一致的免于现场检查，发现异常的自动预警。以"大数据查""不见面查"代替现场检查，运用"智联查"对2.4万户市场主体开展检查，其中1.8万户线上比对通过，免于现场检查，现场核查率降低76.3%，极大减轻基层压力和企业迎检负担。通过跨部门数据共享比对，实时筛查疑似经营异常企业名单，开展双随机联合监管和清理吊销，提高监管效能。对2.7万户年报数据疑似异常的企业开展双随机定向抽查，问题检出率达到37.8%。对连续2年未年报、未报税的企业开展清理吊销，全省累计吊销23万户，2023年已吊销1.55万户。

三、成果成效

已与税务部门实现420项数据双向共享，减少62项重复填报项。2023年全省推广以来，267.1万户企业完成"多报合一"年报，占符合"多报合一"条件企业数的比例高达99％，基本实现全覆盖。

第二节　浙江省经信厅构建惠企政策"数智化"新模式

一、基本情况

为贯彻落实党中央、国务院"深化营商环境重点领域改革，切实增强政策有效性"，"加大政策落实力度，打通政策落实堵点，确保政策落到实处"，省委营商环境优化提升"一号改革工程"的决策部署，针对企业反映政策找不到、看不懂、算不清等问题，省经信厅重点聚焦惠企政策落实落地落细，在全国率先打造"惠企政策直达"应用，推动政策"直通、直达、直感、直享"，切实提高企业的政策获得感，有效助推实体经济高质量发展。

二、改革举措

一是创新工作机制，压实各级职责。组织召开政策直达场景建设工作推进会，下发《关于做好政策直达场景建设有关工作的通知》，健全完善惠企政策省、市、县三级协同工作体系，细化落实工作职责，形成工作合力，抓好经济稳进提质系列政策贯彻落实。按照"政策直达快享"的要求，从"企业有感、治理有效"的角度出发，构建政策直达快享指数模型，以核心指标为依据，制定政策直达场景三色图规则，一图了解各地政策兑付的力度、速度和便利度，量化各地工作实绩，动态晾晒各地工作进展，切实把各项惠企政策落地落实落细，提升企业的政策获得感。将核心指标作为政策直达场景评价和督办的指标，制定评价和督办规则，开发督办政策子场景，对指标连续两个月位于末两位的地市予以督办，并对督办整改结果进行公示，形成惠企政策"发布—兑付—督办"的工作闭环。

二是建设场景应用，推进数字赋能。针对政策发布渠道多、企业收集政策难等问题，建设全省统一的政策平台"惠企政策直达"应用，开发看政策、问政策、兑政策、评政策等功能模块，推进惠企政策的发布、咨询、兑现、评价、督查等全过程协同执行，实现全省惠企政策体系"查、报、兑、评、督"一站式服务、管理和跟踪。省级层面，一方面，全力归集省级相关部门数据，努力做到应归尽归；另一方面，对省级部门是否建有申报兑付平台、不同惠企要素如何对接开展摸底调查，并设计政策执行情况填报入口，实现省级部门数据数字化采集。市县层面，发布《浙江省惠企政策数据联通规范》，打通各地自建政务服务平台，打造"1＋11＋90"的三级架构模式；形成一套完整的数据校验规则，开发数据清洗模型，确保数据的结构化、标准化。

三是强化工作统筹，加快政策直达。按照"谁制定、谁梳理、谁解释、谁更新"原则，组织各县市区和省级有关部门对本级本部门出台的惠企政策进行梳理，并根据《惠企政策信息发布规范》细化政策信息、企业信息等颗粒度，把惠企政策信息拆解成30个关键要素在平台发布，有效提升企业政策知晓度。通过强化数据共享，全面简化惠企政策申请流程，对于数据校核、资格定补类项目，实施"零材料"

办理，对于审查遴选类项目，实行网上跨部门、跨层级联审，提高政策兑现速度。在金华、丽水等地开展"向企业精准推介惠企政策"改革试点，利用大数据、人工智能技术，实现智能评估、精准识别，数据共享、在线流转，解决企业"政策看不全、流程看不到、结果无感知"的痛点。

三、成果成效

平台累计兑付财政补助资金 1900 余亿元，惠及企业主体 120 余万家。省、市、县三级协同工作体系共涉及部门 1666 个，工作人员 3313 名。共归集省、市、县三级惠企政策 4.6 万余条，企业浏览量超 1526 万次。

第三节　温州市创新电子营业执照"企业码"集成应用

一、基本情况

大部分企业开办后需要马上办理银行开户、信用贷款、水电气讯报装、人才招聘等事项，但仍要到不同机构申报、重复填写信息、提交材料，很不便利。同时，企业开办后还需委托代理记账，费用较高。因此，亟须延伸企业开办服务链条，进一步为企业降本增效。

二、改革举措

一是涉企事项一码通办。创新推进电子营业执照"企业码"在银行开户、授信贷款、水电气讯报装、人才招聘、档案查询等与企业开办关联性强、办理时间相对集中的事项应用，企业可使用电子营业执照扫码登录各办事系统，一键授权业务机构获取电子营业执照、企业名称、档案章程等办事所需信息材料，并在线完成电子签字签章，实现信息免填写、材料免提交、全程线上办。

二是线下服务集成供给。迭代升级"易企办"线下专区，在原企业设立登记、公章刻制、发票申领、社保医保公积金登记等6个基本政务服务事项入驻基础上，再集成银行开户、授信贷款、水电气讯报装、人才招聘、企业云电脑申请、初创企业免费代理记账、企业成长指引、导办帮办等增值服务。企业可个性化选择需要的服务事项，预计每年让企业少跑6万趟，减负1000万元。

三是线上办理一站直达。在国家电子营业执照小程序设置了全国首个地级市专区，专区上线4个模块6项功能，模块数居全国第一。持照企业通过专区直接登录，可以一站式、一键式办理政务、金融、公共服务、互联网服务等多类企业事项，有效缩短服务路径，解决重复登录、认证等问题。

三、成果成效

一是企业办事从"依证办事"向"依码办事"转变。改革前，企业办理设立登记、公章刻制、发票申领、社保医保公积金登记、银行开户、授信贷款、水电气讯报装等审批事项仍要跑多部门、填信息、交材料。改革后，机构通过电子营业执照"企业码"，获取企业信息、快速办理事项，推动形成"依码办事"全新生态。

二是企业开办从便捷"一件事"向增值"一类事"升级。改革前，企业开办"一件事"仅有6个政务服务事项，无法满足多数企业需求。

改革后，企业开办"一类事"包含事中6个政务服务事项和事中事后13个增值服务事项，企业可使用电子营业执照"企业码"个性化选择需要办理的事项，一次性获取企业开办大礼包。

三是企业服务从局限"一件事"向无限"一类事"迭代。电子营业执照"企业码"是企业的数字化身份证，可归集企业全方位信息，贯通所有涉企办事系统，从而推动跨部门跨层级系统交互协同、数据高效运用、业务一码互联、事项极简办理，为涉企"一类事"按需自由组合、服务无限衍生提供了全新思路和实现路径。

第四节　永康市打造"数字研发验证中心"

一、基本情况

如何蓄力科技后劲，解决中小企业创新能力弱、创新人才少、创新资源缺的急难愁盼问题，是打造高能级产业集群的难点和堵点。永康通过引进院士团队技术，撬动产业基金引导，依托国有主体承建，率先打造"五金产业数字研发验证中心"，逐步实现研发能力赋能、科创平台扩容和创新机制增效，承办省技能大赛、启用跨域引智飞地、创建省级技术创新中心等相关工作。

二、改革举措

一是集成"1"大场景，实现研发能力优化。为中小企业构建集数采、设计、仿真、测试于一体的一站式数字研发创新服务体系，采用"314"创新布局，发挥线上系统云端化、国产化、数据化"3"大能力，打造"1"个场景化的研发App集成创新平台，通过课程、案例、专家、信息"4"大资源赋能，帮助中小企业普遍压缩80%的物理实验时间和50%—80%的研发成本，大幅降低研发错误频率。逐步形成五金产业数字化研发知识库，实现技术知识共建、行业经验共享、数据价值跃升。

二是打造"3"大阵地，实现跨域引才赋能。加强高层次人才的引、育、留、用，打造技术攻关、成果推广、人才培育"3"大阵地，发挥数据采集、创新设计、仿真验证、试制测试"4"大功能，以"飞地＋平台""外脑＋内智"的方式参与中小企业研发难题的解决，已累计开展人才技术提阶培训240余人次，有效实现人才智库与产业难题的相互耦合，促进"4＋3"的创新生态的形成。

三是融合"4"重要素，实现增值服务提升。依托45亿元科技类产业基金，通过"场景化、云端化、数据化"科创能力建设，构建支持产业链、创新链、人才链、资金链"四链"融合发展的全链条科技创新增值服务，累计服务当地中小企业60家次，打造的"联合出资挂榜制"共同富裕示范区试点示范将实现产业核心技术难题"一项突破、全域共享"，促进区域产业集群整体提升。

三、成果成效

数字研发验证中心为永康中小企业提供研发数字化服务26项（含已完成项目15个），帮助企业压缩80%的物理实验时间和50%—80%的研发成本，大幅降低研发试错成本。启动开发数字验证中心线上平台，已开发仿真App16个（累计列入仿真App开发计划40个），通过App的开发迭代和推广试用，进一步拓展仿真应用场景，提升交互体验和数据价值。第28届中国五金博览会期间首次受邀参加高新技术成果展暨第10届中国（永康）五金工业设计展，现场对接洽谈五金制造企业30余家。

第五节　杭州市临平区探索打造数字化改造"一类事"

一、基本情况

临平区制造业企业集聚，在当前制造业掀起转型升级浪潮的大背景下，以数字赋能、科技赋能、服务赋能制造业转型升级，形成龙头企业带动、骨干企业支撑和中小微企业协同发展的产业生态，是临平打造智造高地的必由之路。相关调研发现，中小企业普遍缺乏对企业自身细分行业数字化提升的具体方向设计及整体规划布局能力，容易出现企业信息系统分散构建、数据壁垒、重复建设等问题。

二、改革举措

一是系统性集成服务资源。围绕企业数字化改造全流程，集成区经信、科技、司法、市场监管、人社部门等政府侧服务资源，联动省技术创新服务中心、工业互联网研究院浙江分院，联通浙江产业互联网研究院以及数字工程服务商等社会侧、市场侧服务资源，推出涵盖现状评估、资源对接、方案设计、政策辅导、绩效评价等方面的21项服务事项，实现服务资源"系统打包"、精准"导航"。建立线上线下融合服务机制，线上在区企业服务平台搭建数字化改造服务"一类事"模块，集成服务事项、服务机构，实现供需对接和信息共享；线下由主管部门区经科局牵头，联动各方资源，通过上门走访评估、召开数改现场会、举办大型赛会、专场服务等方式，提供点对点专业化支持引导。

二是全链条打造服务场景。将数字化改造全过程按照改前、改中、改后三个节点编制服务清单，提供"改前诊断、改中指导、改后评价"的链式增值服务。改前，政府部门联动工业互联网研究院浙江分院、省技术创新服务中心等专业力量，对有意愿开展数字化改造的企业开展初步评估、诊断，出具报告，推送数字化服务资源、专项金融产品等，提出针对性、专业化建议。改中，结合省市未来工厂、工业互联网平台等评价标准，进行常态化跟踪指导，助力企业对标对表、优化智造路径。改后，从绩效评价、未来工厂（工厂物联网）等政策支持、智造工程师培育、数据知识产权登记、数据合规使用等方面提供服务，放大数字化改造成效。

三是靶向式拓展服务内涵。推动服务场景从以技术对接支持领域为主向数据、人才、政策等领域进一步延伸和拓展。探索制定全省首个制造业企业数字化改造"一类事"合规指引，从数据收集、使用、加工、公开等全生命周期查找风险点，开展合规指导。推动数据知识产权登记，入选省级数据知识产权试点地区半年以来，有33件涉及数字化改造企业的数据知识产权成功登记，列全市第三。建立数字人才培育体系，制定《临平区卓越工程师培育试点实施方案》《关于开展临平工匠培育行动加强新时代技能人才队伍建设实施方案》等文件，落地浙江省卓越工程师实践基地。推动数字化改造政策直达快享，依托区企业服务平台"政策智推"模块，通过对企业需求分析、精准画像，智能推送数字化改造相关政策。通过数字化改造"一类事"模块完成深度评估备案的企业，可一键申请政策兑付。

三、成果成效

一是提高企业生产效率。累计发动500家以上企业进行数字化改造，改造后企业品质稳定性、在制品周转率、物料流转率等指标提升20%至40%不等。

二是构建智能制造生态。为重点企业提供精准服务，有效构建产业体系，提升企业能级。截至目前，该区已认定省级"未来工厂"5家，列全省各区县第一；省级工业互联网平台10家，列全省第三；省级制造业云上企业11家，列全省各区县第三；市级"链主工厂"3家，列杭州各区县并列第一。2023年新增省级智能工厂培育企业17家，增量列全省第三。

三是带动关联产业发展。为企业精准匹配服务机构，有效带动区内关联产业发展，目前已集聚数字化工程服务机构100余家，其中列入省级数字化工程服务机构14家；推动华为、阿里在临平区设立常态化服务中心。

第六节　嘉善县"区域协同万事通" 破解长三角一体化跨域症结

一、基本情况

作为沪苏浙三省市边界地区，嘉善县仍存在高频政务服务事项跨省办理渠道不够顺、公共服务政策跨域融合度不够高、生产要素跨界流动不够通畅、交界区域社会治理协调难等问题，区域协同的工作体系、制度保障体系以及管理服务标准还不够健全，系统破解长三角一体化跨域协同难题的现实需求非常迫切。

二、改革举措

一是紧盯一体化发展需求，推动业务场景跨省协同。第一，以"同"为纲，推进政务服务同城体验。在"跨省通办"方面，创新开展跨省交叉授权受理的方式，授权各方对授权范围、具体任务、数据安全等进行明确，打造"无差别"的跨省综合受理模式。第二，以"通"为要，推动资源要素跨域流通。在医疗信息共享方面，通过数据上链共享、推动流程重构，打造"区块链＋医保智能理赔"场景。在政府采购共享协同方面，对掣肘异地评标的各项因素进行明确和规范，确保专家共享及在线异地评审顺利实现。第三，以"统"为核，构建统一高效协同体系。在社会治理方面，率先搭建跨域部门协同执法平台，解决当前示范区跨域执法过程中执法信息未共享、跨域执法取证难、执法力量未统筹、执法协作需规范、争议研讨缺平台、联合监督待强化等问题，显著提升了区域共治能力。

二是把握区块链试点机遇，推动公共数据共享融合。第一，搭建跨域协同平台。构建"1＋2＋N"的系统架构，"1"为"区域协同智能中心"，"2"为"协同服务""协同治理"两大领域，"N"为具体的应用场景。第二，构建数字基础设施。利用国家区块链创新应用试点，搭建跨省区块链系统，采用"1个区块链可视化管理N个节点"的平台管理模式，解决公共数据跨省域互信问题，构建公共数据全生命周期流通的环环相"链"，推动跨省域数据互认共享。第三，提升数据共享能力。争取两省一市大数据管理机构的支持，示范区两区一县签订《示范区公共数据"无差别"共享合作协议》，通过汇聚121条数据资源，开通72个接口，对接36个库表，解决数据来源问题，完成关键数据的归集工作，进一步实现两区一县范围内数据无差别共享共用。

三是立足示范区先行优势，推动协同体系敦本务实。第一，机制先行。制定《"区域协同万事通"改革建设方案》，并成立"1+5+N"的推进机制。以示范区执委会为核心，成立"区域协同万事通"五大专班，由县相关业务部门成立应用场景协调小组。第二，程序高效。示范区相关部门共同研究推进技术标准、执法流程、文书样本和裁量基准等一体化协同，优化区域执法协作方式，打破原有碎片化、条线化的协同工作模式，强化区域执法协同力量，形成区域系统、高效的联合治理新格局。第三，政策保障。坚持三地最优标准，两区一县共同研究制定统一企业登记标准实施意见、企业名称年议处理办法等5项制度文件，推动三地政务服务执行标准统一。

三、成果成效

一是以精准的改革需求凝聚跨域协同的普遍共识。"区域协同万事通"聚焦省际毗邻区特有的公共服务"多头跑"、公共数据"断头路"等沉疴痼疾，通过充分的调查研究、征求意见、研究论证，确定跨域协同改革"切口"，首批13个协同改革场景上线以来，受益群众超百万人。

二是以有力的数字技术突破跨域协同的关键难题。示范区各方充分把握住了数字长三角建设和国家区块链创新应用试点的机遇，利用区块链去中心化的特点，有效破解了"不破行政隶属、打破行政边界"

原则下数据安全共享的难题，打消了数据所有者对数据安全和数据所有权的担忧。

三是以创新的体制机制保障跨域协同的常态长效。通过改革推动形成了20余项协同机制，对前期改革成果进行了固化，同时也为下一步改革的迭代深化提供了制度保障，为区域协同进一步走深走远奠定了坚实基础。

第七节　衢州市创新"直达快享"政策服务模式

一、基本情况

衢州市迭代优化"政企通"平台，打造惠企政策"直达快享"增值服务模式，切实增强民营经济发展信心与创新活力。以政务服务增值化改革为契机，依托省一体化公共数据平台，2023年衢州打造企业线上综合服务专区"政企通"，优化"政策计算器"功能，汇聚全市31万个市场主体基本信息和138种证照类型，实现了惠企政策精准推送和快速兑现。

二、改革举措

一是筑牢基层基础，强化协同推进。健全政策兑现组织架构。搭建"1＋4＋8＋N"工作体系，由营商办牵头抓总，科创、商贸、文旅、三农四大专项政策制定部门和各县（市、区）协同推进，各政策兑现部门共同参与，按照"市级统筹、上下贯通、市县一体"的要求，推动政策直达快兑工作全市域贯通；做好惠企政策梳理，按照政策颗粒化、可落地的要求梳理政策清单，明确兑现方式、审批环节、兑现时间，推动政策公开上架政企通平台。做好惠企政策梳理。摸清各类惠企政策底数，梳理政策清单，明确兑现方式、审批环节、兑现时间。抓实政策宣传培训。召开专题培训会，编印"政企通"操作手册和"一点通"政策集成卡，开展政策兑现宣传周活动，累计组织17次"政策宣讲云直播"、16期政企沟通圆桌会，提升企业政策知晓度。

二是夯实数据支撑，实现高效直达。搭建企业空间，构建"一企一档"。依托省一体化公共数据平台，汇聚全市31万个市场主体基本信息和138种证照类型，企业可通过"政企通"登入"企业空间"，随时查看、管理和调用档案信息；丰富企业标签和政策标签，梳理形成700多个法人标签和2000多个政策标签，为企业开展政策体检，实现惠企政策精准推送服务。优化平台功能，再造审批流程。按照免申即享类、即申即享类和快审快兑三种兑现方式，改造兑现流程，通过"数据共享＋企业承诺"代替材料提交、后台数据碰撞代替人工审查，提高审批效率。

三是创新工作机制，保障即享快兑。精简审批材料和环节，按照评定类政策零审批零材料零环节、申报类政策材料最少环节最少时间最少的要求，推动惠民企政策直达快兑；推行预拨机制，对即申即享类政策实行审核通过后直接预拨付，一次性结算的方式兑付；对实施类项目和投资补助类项目政策实行分阶段预拨再审计核算，减轻企业项目实施中的资金压力；建立风险防控机制，实时监测多发、错发、漏发等问题，健全完善惠企政策资金错发追回机制，将恶意套取政策资金的行为纳入企业和个人信用档案。

三、成果成效

2023年，全市已在线兑付惠企资金82.12亿元，受惠主体29553家，政策"免申即享、即申即享"率达到85.18%。政策兑现平均时间从原来的40多个工作日压缩到12个工作日内，衢州"政企通"应用单日最高办件数量为1200件。

第八节　衢州市柯城区创新实达实"工业购"模式

一、基本情况

柯城区实达实集团以"工业购"一站式、数字化工业品供应链模式为主载体，创新以"工业品＋智能制造服务＋互联网＋金融服务"为主体的产业服务模式，为制造业企业提供线上线下工业品批发与零售、结算、融资、售后维护、仓储物流等增值化服务，有效助力上下游企业降本增效。

二、改革举措

一是创新"工业购"模式，助力企业采购降本。打造工业品一站式采购"超市"。依托企业自身供应链优势，打造工业品在线交易、技术服务等综合性产业服务平台，通过线上平台做到全品类一站式供给。创新工业品采购结算方式。实达实通过协议支付月结等模式，实现上游供应企业一月一结算，下游采购企业货款账期增加到3个月，有效破解下游大企业采购"赊销"惯例和上游小微供应企业财务风险的矛盾堵点。建立企业服务专员队伍。建立200余人的平台服务专员队伍，为上下游企业采购非标产品和个性化定制产品提供专门服务。如浙江华友钴业所需物料2万余种，与实达实合作后，平台按照企业清单统一解决其生产设备、生产用具、生产辅件需求。

二是打造"零库存"平台，助力企业仓储降本。引入"零库存"理念，控制仓储风险。针对生产型企业非生产性物料采购量较大、仓库较少、易积压损耗等问题，与签约的规模以上制造企业合作，提前将备件、耗材等商品存放到企业仓库，实行随领随用、定期结算。引入"共享＋"理念，提升仓储效能。以产业链、经营区域等因素为参考，在部分龙头企业打造"共享星仓"，备件库存服务辐射周边一定范围的小微企业，有效降低企业库存成本。引入"云计算"理念，降低仓储成本。打造线上"智能云仓"系统，采集并录入签约企业日常采购的工业品品牌、型号、价格等信息，并根据实际设定产品库存下限，指定供应商在收到系统最低库存提示信息后即可第一时间备货送货，实现供需无缝精准对接。

三是拓展"产业＋"服务，助力企业运营降本。"产业＋管理"，提升企业管理水平。建立成果、人才、企业资源库，帮助企业优化生产管理，每周将采购报表及领用数据交给企业进行决策分析，并提供相对合理的减损增效建议，为服务对象降低生产过程成本20％以上，提高供应效率50％以上。"产业＋创新"，赋能企业转型升级。发挥平台信息多、产业集聚等优势，引入设计公司、软件开发商等服务机构，为实体企业数字化转型提供全流程服务。"产业＋金融"，降低企业融资成本。创新金融服务模式，通过对企业在平台上的交易量、信誉度等指标进行综合分析，为银行授信提供依据，并以平台信誉和资金为担保，帮助入驻的企业取得合作银行授信。

三、成果成效

目前，实达实线上商城汇集产品种类30余万种，服务小微供应商8700余家，"共享星仓"已运用于市内生产型企业96家，打造线上"云仓"60余个，平均压低仓储成本近70%。带动50余家制造业企业实现数字化转型，供应链金融配套累计服务小微企业1000余家，融资总额达36亿余元。

PART 5

第五篇 评价篇

第十一章

国内外营商环境评价

CHAPTER 11

第一节　国际主流营商环境评价实践

20世纪七八十年代起，国际组织、国际专家学者陆续开始研究营商环境建设问题，逐步从不同角度构建了营商环境评价指标体系，并面向全球主要国家、地区、城市开展营商环境评价实践。

一、世界银行营商环境评价体系

2001年，世界银行成立 Doing Business 项目小组构建营商环境评价指标体系，2003年发布第一份全球营商环境报告。世界银行 DB 体系聚焦各国私营企业从开办到破产中各个阶段的便利程度，通过问卷的形式，收集各经济体营商环境的状况评估。评价指标体系由最初的 6 项一级指标逐步完善，已增加到包括开办企业、办理建筑许可等11项。

2023年5月，世界银行发布新评估体系（B-Ready 体系，中文暂译名"营商环境成熟度"体系），从"监管框架完备性""公共服务可及性""企业办事便利性"三个维度开展调查，贯穿数字技术运用、环境可持续和性别平等的理念，涵盖市场准入、获取经营场所等十大指标领域。评价运用企业调查、专家问卷、部门数据共享等方式完成数据采集。该评价试评价期为2022年4月至2026年春季，中国被纳入第二批评价对象，计划于2023年10月开展企业调查，2024年1月至4月确定调查专家，5月开展专家访谈，10月完成全部调查，2025年第一季度发布评价报告。

二、经济学人智库（EIU）营商环境评价指标体系

EIU发布的营商环境排名不仅评估当前营商环境状况，而且还对未来五年营商环境发展进行预测，对各地区营商环境发展提供指导意见。

EIU在进行营商环境评价时，采用了一套严谨的评价方法，并不断进行创新以适应全球经济变化和企业需求。该智库以全球82个经济体的发展状况及其未来5年营商环境的预测为基础，每5年进行一次营商环境排名。EIU评价指数包括政治环境、宏观经济环境、市场机会、对自由企业和竞争的政策、对外国投资的政策、外贸和汇率控制、税收、融资、劳动市场、基础设施和技术准备等11个方面91个指标，并且纳入了难以衡量的具有强大预测力的指标，如当前或未来政府的政策变化，对一个国家或地区购买力和主要贸易伙伴的需求增长的宏观经济预测，以及制度环境的变化，等等。数据来源多元，包括官方统计数据、国际组织报告、企业调查问卷、行业专家访谈等。随着全球经济形势的变化和技术的进步，EIU不断创新评价维度和指标，以捕捉新的营商环境影响因素。例如，近年来增加了对数字基础设施、网络安全、环保法规、社会责任、创新生态系统等方面的考量，以反映

数字经济时代和可持续发展背景下企业面临的全新挑战和机遇。每一个指标都按照从1（对商业非常不利）到5（对商业非常有利）的等级进行评分，并且定量和定性相结合。评分既考虑了过去五年，也预测了未来五年。

三、世界经济论坛的全球竞争力报告

从1979年开始，世界经济论坛通过对一个国家或者地区进行综合因素考评，推出一年一度的全球竞争力报告。营商环境是其中重要内容之一。

该报告由制度、基础设施、信息通信技术应用等12项指标组成。数据源自各相关经济体官方以及企业家和专家学者填写的调查问卷。世界经济论坛每年还会调整衡量全球竞争力的指标，在编制当年的报告时，也对上一年度的数据按照新的指标体系进行更新，并将上一年度新的排名与本年度的报告一起公布。

四、经合组织（OECD）创业环境评价指标体系

OECD建立创业环境评价体系，从企业成长角度出发，依据初创企业的发展阶段，围绕创业决定因素，对创业营商环境进行评价。

评价体系包括市场状况、政策框架、资金获取等六项指标。数据多来源于世界银行与OECD数据库。

第二节　中国营商环境评价实践

自2004年参加世界银行营商环境评价以来，中国积极探索营商环

境评价工作，参与主体不断增多，从中央到地方政府相关部门，包括第三方智库，都对营商环境评价开展了相关实践工作。

一、国家发展改革委牵头的中国营商环境评价实践

自2018年至2020年，国家发展改革委按照国务院部署，牵头构建了中国营商环境评价体系。该体系着眼中小企业办事便利情况、重点衡量"放管服"改革，综合评估市场经营主体对各地实行公正监管、推行"互联网＋政务服务"、增强创新创业创造活力等方面的满意度和获得感。包含开办企业、劳动力市场监督、办理建筑许可等18个一级指标。

评价采取部门深度参评与企业满意度测评相结合，问卷填报与实地调研、数据抽查核实相结合的方法，听取市场经营主体与社会公众对参评城市营商环境的感受及意见。国家发展改革委发布的《中国营商环境报告2020》《中国营商环境报告2021》，系统梳理了参评城市不断深化营商环境建设的实践历程，全面展示了这些城市优化营商环境的首创经验和典型做法，有助于带动更多地方和部门相互学习、对标先进，持续推进重点领域改革，推动全国各地营商环境的大幅提升。

二、省级层面营商环境评价实践

在国家发展改革委构建的中国营商环境评价体系基础上，各省份依据省情开展了分区评价探索工作。

广东省按照"国际可比、对标国评、广东特色"的原则，参照世界银行和中国营商环境评价指标体系，创造性提出市场经营主体满意度指标，主要考察市场经营主体对要素环境、法治环境、政务环境、

市场环境、创新环境建设的满意度，指标体系包括19项一级指标和75项二级指标。2023年广东省营商环境评价结果显示，广东省推动实施更多创造型、引领型改革，加快打造更加市场化法治化国际化的一流营商环境，经营主体办事便利度、满意率和获得感不断提升。

陕西省坚持突出市场主体感受和鼓励地方改革创新，结合省情系统提出了由指标评价、满意度评价和创新性评价三部分构成的营商环境评价体系，评价指标体系包括23个一级指标，其中18个为国家评价指标，5个为陕西地方指标。18个国家评价指标由第三方负责，数字营商、"12345"政务服务便民热线等5个地方指标由省级有关部门负责。为突出市场主体实际感受和鼓励各地改革创新，陕西省营商环境评价将满意度评价和创新性评价纳入其中。同时，为确保评价工作公开透明，将评价相关指标、规则、标准、问卷等提前进行了公开。在评估过程中，通过部门深度参评与市场主体满意度测评相结合，问卷调查与实地调研、暗访相结合，确保评估数据的真实性和准确性。

湖南省营商环境评价新增了市县、园区评价两套指标体系，进一步丰富了评价对象范围。其中，市县评价对标中国营商环境评价指标体系，市州评价采用中国营商环境评价指标体系中的18个一级指标，县（市、区）评价根据事权削减了跨境贸易、办理破产、政府采购、招标投标、知识产权创造、保护和运用、劳动力市场监管、保护中小投资者8个指标，"五好"园区评价设置政务服务、政策服务、产业服务等9个指标。评价由客观评价与主观评价组成，客观评价通过随机抽取参评城市企业和群众办事的实际案例进行实地调查，适当采集政务服务平台数据和统计数据，客观评价结果占整体评价结果的权重为80%；主观评价采取问卷调查的方式，组织10000家左右民营企业对营商环境进行评价，主观评价结果占整体评价结果的权重为20%。为了突出市州承上抓下这一关键环节，市本级（含市辖区）得分、县市客观调查得分和园区得分计入所属市州的总得分，权重分别为70%、20%、10%。

四川省为确保营商环境评价工作的科学性、系统性和全面性，在指标设定中坚持"两个兼顾"（兼顾过程性与结果性、兼顾静态现状与动态改善），"两个拓展"（拓展国家评价指标体系、拓展历年四川省评价经验）。围绕企业全生命周期链条、城市高质量发展、民营经济发展三个视角，共设置19个一级指标、96个二级指标。结合当前四川省营商环境建设的阶段性特点，在每个一级指标项下统一设置改革创新与服务、市场主体实际感受两个二级指标，旨在引导各市（州）、省级相关部门（单位）推出更多原创性、差异化的改革举措，并切实关注市场主体认可度、满意度和获得感。从企业全生命周期链条视角设置了开办企业、劳动力市场监管、办理建筑许可等15个一级指标，从城市高质量发展视角设置了市场监管、政务服务、包容普惠创新等3个指标，从民营经济发展视角设置民营经济指标作为四川特色指标。

辽宁省法治化营商环境指标体系具有首创性。法治是最好的营商环境。辽宁省坚持把法治、诚信作为营商环境的最硬内核，把法治环境、信用环境建设作为优化营商环境最突出、最紧迫的任务来抓。围绕市场主体和人民群众关注的法治、成本、便利化问题，将市场主体对营商环境的满意度和获得感作为法治化营商环境评价的重要内容，聚焦法治化营商环境建设领域市场主体关切的重点和难点，突出公认性和代表性，共设置了制度建设、行政执法、民事、行政审判、破产清算、刑事案件、知识产权保护、社会安全、维权便利、法律服务等

10项一级指标，以及33项二级指标、59项三级指标。

三、社会层面的营商环境评价实践

（一）中国分省营商环境指数报告

国民经济研究所自2006年开始进行全国31个省（区、市）营商环境的企业调查和研究，自2011年开始出版分省企业经营环境指数系列报告，每隔三年左右时间发布一个新报告，旨在对我国各省份营商环境总体状况和各方面状况进行量化评价和比较，并随时间推移跟踪变化。从2023年报告开始，本系列报告的原标题《中国分省企业经营环境指数报告》更名为《中国分省营商环境指数报告》，"中国分省企业经营环境指数"更名为"中国分省营商环境指数"。

中国分省营商环境指数报告是在全国范围内的企业调查基础上完成的。全部信息来自各地样本企业主要负责人填写的调查问卷。每一项基础指数来自企业问卷的一个问题，由样本企业负责人（一般是董事长、总裁、总经理或首席执行官）在问卷中逐个对当地特定领域的营商环境进行评价或提供信息而形成。各项评价采用1—5分的评分标准，由被调查者进行打分。按照该评分方法，3分是中性评价，4分或5分是比较正面的评价，1分或2分是比较负面的评价。个别分项指数采用客观数量指标，由答卷者提供数据，按问卷设计分为5个区间，也按1—5分赋值。2023年报告所依据的这一轮企业调查大部分于2022年进行，少量调查延续到2023年一季度完成。样本企业的地区分布覆盖了全国31个省（区、市）。营商环境指数体系目前包括总指数、8个方面指数和26个分项指数。这8个方面包括政策公开公平公正、行政干预和行政效率、企业经营的法治环境、企业的税费负担、金融服务和融资成本、人力资源供应、基础设施条件、市场供求和中介服务。总指数由 8 个方面指数合成，各方面指数分别由若干分项指数合成。所有指数采用 1—5 分的评分标准。评分越高，表示营商环境越好。从2012 年出版发行 2011 年报告，其后分别出了 2013 年、2017 年、2020年、2023 年 4 个年份的中国分省营商环境指数报告。

（二）全国工商联"万家企业评营商环境"

从 2019 年开始，全国工商联立足民营经济发展，以民营企业家实际感受为切入口开展营商环境评价，设计了包括要素、政务、法治、市场和创新等五大环境在内的指标体系，并通过问卷调查的方式获得数据。

依据 2022 年度万家民营企业评营商环境调查结果，位列前 10 的省份是：浙江、广东、江苏、上海、北京、山东、湖南、安徽、四川、福建；位列前 10 的城市（不含直辖市）为：杭州、温州、广州、深圳、宁波、长沙、南京、苏州、青岛、合肥。

（三）中国城市营商环境指数评价报告

2019 年 5 月 11 日，中国战略文化促进会、中国经济传媒协会、万博新经济研究院和第一财经研究院联合发布《2019 中国城市营商环境指数评价报告》。本次发布的报告考虑了新时代企业对于营商环境的新要求，从软环境和硬环境两个维度，设立自然环境、基础设施环境、技术创新环境、人才环境、金融环境、文化环境和生活环境等 7 个二级指标，有 35 个三级指标，以反映一个城市对于投资创业、企业经营、吸引人才的综合支持程度。

（四）中国城市营商环境研究报告

2023年11月29日，由北大—武大联合团队发布的《中国城市营商环境研究报告2023》评估了2019—2021年中国内地296个地级市及以上城市的营商环境，从"全国前十城市""省会城市""副省级城市""计划单列市""一线城市""新一线城市""二线城市""超大城市""特大城市"和"各省份城市"等方面进行了横纵比较。该报告将"十三五"规划纲要中营商环境建设的4个方面"市场环境、政务环境、法治环境、人文环境"确定为一级指标。在此基础上，参考《优化营商环境条例》，并吸纳多个国内外主流评价体系的相关指标，分别形成了"融资、创新、竞争公平、资源获取和市场中介""政府效率、政府廉洁和政府关怀""产权保护、社会治安和司法服务""对外开放、社会信用"等13个二级指标。基于在《优化营商环境条例》中出现的次数，确定各二级指标的权重，并加总获得一级指标权重。最后，基于既有参照指标体系和数据可获得性，确定了22项三级指标。由此，构建出中国内地城市营商环境评价指标体系。报告显示，2019年至2021年间，各城市营商环境得分总体向好，其中，深圳、广州、上海和北京为内地营商环境标杆城市，得分遥遥领先。

（五）中国外资营商环境调研报告

2024年1月30日，中国贸促会发布《2023年度中国营商环境研究报告》。该报告的评价指标体系包含企业设立和退出、基础设施、生活服务、政策政务、社会信用、公平竞争、社会法治、科技创新、人力资源、金融服务、财税服务和海关服务等12个一级指标。2023年第四季度，中国贸促会对近600家外资企业开展调研，68％的受访外资企业是小微企业，65％的在华产业布局集中在加工制造环节。在此基础上，编制完成《2023年中国外资营商环境调研报告》。调查结果显示，海关服务、财税服务、社会信用三个指标评价较高，人力资源、海关服务、基础设施、企业设立和退出四个指标同比提升，企业获得感增强。对比历年报告数据，2019年至2023年，受访企业对中国营商环境的评价总体呈上升趋势。

（六）中国城市营商环境评价体系

《管理世界》经济研究院"中国城市营商环境评价研究"课题组基于生态系统理论，从公共服务、人力资源、市场环境、创新环境、金融服务、法治环境、政务环境7个维度出发构建了中国城市营商环境评价体系，并对我国289个地级市及以上城市的营商环境进行评价分析。研究结果表明，首先，营商环境指数得分方面，部分直辖市、计划单列市、省会城市等城市的营商环境相对优势逐渐扩大；同时，东部、中部地区城市营商环境明显优于西部和东北地区。其次，7个分项指标得分方面，排前100名城市的分布也存在较为明显的区域差异：一方面，东部地区城市数量最多，中部地区次之，西部、东北地区的前100名城市数量相对较少；另一方面，南北区域差异逐渐扩大，除了公共服务指数，其他6个分项指标中南方地区城市拥有明显的优势。进一步对6个重点城市群内城市营商环境比较分析表明，城市群之间也存在较大的区域差距。

（七）中国分区域营商环境评价报告

2020年12月，浙江大学公共服务与绩效评估研究中心、浙江省企业形象研究会发布了对全国31个省（区、市）营商环境的评价，北京、上海、浙江摘得前三，之后7位分别是天津市、重庆市、江苏省、湖北省、广东省、福建省和安徽省。该研究还对浙江省11个设区市营商环境发布评价，排名依次为杭州市、宁波市、温州市、衢州市、嘉兴市、湖州市、金华市、绍兴市、舟山市、台州市和丽水市。此外还发布了对浙江省90个县（市、区）营商环境的评价，滨江区、慈溪市等获评浙江省营商环境卓越县（市、区）。本次评价研究以世界银行营商环境评价方法为基础并进行适当调整，针对全国31个省（区、市）及浙江省11个地级以上城市和90个县（市、区）的营商环境，根据企业生命周期理论，涵盖开办企业、办理施工许可、获得电力、获得用水、获得用气、登记财产、获得信贷、纳税、跨境贸易、执行合同、办理破产和注销企业等12项一级指标，以及办理成本、办理时间、办理手续和信息透明度等45项二级指标。

第三节　浙江省的创新——数字营商环境评价的实践

以数字化改革为载体，以全过程为机制，以提效降本为目的，2021年，浙江省在全国创新性提出通过"无感监测"①进行营商环境评价，率先探索开展省域数字营商建设，一体推进营商重大改革和数字化应用建设。

为评估全省营商监管改革成效，浙江省设立了由18个一级指标、46个二级指标组成的评价体系。进一步分解形成约250个监测靶点，收集实时在线数据，包括办理手续数量、办理时间、申请人反馈和其他指标数据。②例如，在"开办企业"这一指标下，对公司注册、取得营业执照、取得税务备案控制设备、开立银行账户、取得公章等每一项手续进行在线处理数据采集。在此成功的基础上，浙江还探索建立了一个在线预警系统。如果相关机构的处理时间超过预定阈值，该系统将及时向其发出警报，从而能够采取主动措施解决延误问题，提高效率。以评促改，以评促建，推动营商环境工作流程再造、制度重塑，让市场经营主体更公平便捷获得服务，让行政机关更精准有效实施监管。

浙江省的创新实践，主要有四方面的成效：

---

① 参见省级地方标准《营商环境无感监测规范　指标体系》https://bz.zjamr.zj.gov.cn/public/std/db/view/f2e00a11124145f0ad4905c5f579d59f.html. 省级地方标准《营商环境无感监测规范　数据计算分析应用》https://bz.zjamr.zj.gov.cn/public/std/db/view/5aedfe4c3b904b6b86f36c60a21fadd4.html.

② 冯锐，朱思橙，刘淑颖.范式局限与数字赋能：营商环境"无感监测"改革的逻辑进路——以浙江的实践为例 [J] .浙江经济，2023（03）：26-28.

一是完善营商环境评价方式。营商环境评价体系总体上实现三个转变：从线下抽样调查变为在线全量监测、从事后人工评价变为实时系统分析、从事后内部反馈变为实时公开反馈。营商环境评价成本大幅降低。调查人员数量和问卷填报时间下降90%。营商环境治理效能大幅提升。政务服务网上可办率达100%，跑零次率达95%以上；执法扰企问题数量下降53%。企业受益明显增加，全省惠企政策兑现效率平均提升近70%。降低评价工作的政府和企业负担，破解评价周期长、人为干预等痛点难点。

二是创新数据归集模式。浙江省创新提出监测靶点数字化的解决方案，为此政府部门打通32个涉及营商环境评价的省级主管部门、17个核心系统、408个办事系统，建立每个靶点的归集规则，实现以企业和基层"无感"方式，全量、真实、在线归集数据。截至2023年9月，累计归集数据9000余万条。

三是重塑治理机制。通过"监测预警、地方响应整改"工作闭环，设置了差异化的预警体系推送整改信息，推进营商环境短板整改。案例入库、借鉴推广这一流程，通过设区市推荐—部门评星—专家打分—发改评定，展示小切口"微改革"，供其他市县学习借鉴。目前已经形成了3000多个创新案例。

四是形成理论制度成果。以标准化、制度化手段推动营商环境"无感监测"改革成果固化。浙江省编制《营商环境无感监测　规范指标体系》《营商环境无感监测规范　数据计算分析应用》2项省级地方标准，推动监测工作标准化规范化。编制监测数据管理办法。以靶点数据链为主体，研究监测数据共享、清洗、应用管理方案，压实数据管理应用责任。

第四节　现有营商环境评价存在的问题

一是评价指标有待改进。目前，国家评价指标主要参考世行体系，从中国国情的适用性来看，世行指标体系存在以下问题：第一，指标体系侧重于规制层面的内容，对影响企业生产经营的宏观环境考虑不够充分；第二，指标体系更适用于成熟经济体，未充分考虑不同经济体的发展阶段与现实国情。

二是评价实施方式有待完善。无论是政府还是第三方，现行的评价方式主要有部门报送材料审核、线下问卷调查、数据获取等，需动用较多人力物力，对企业生产经营活动产生一定干扰，基层和市场经营主体填报负担较重，且收集数据的时间较长，评价结果容易受到人为干扰。

三是评价结果运用有待加强。目前来看，国内政府主导的营商环境评价往往出现两个极端：一部分地区过分看重评价分数甚至唯分数论，盲目追求评价结果，使排名成为资源配置的"指挥棒"，评价呈现某种程度的"趋利化"倾向，以评促改的导向不够；另一部分地区则对评价结果不理不睬，没有把评价结果作为推动工作的抓手。而有些独立第三方的评价缺乏公正性和权威性，缺乏跨学科跨领域融合，存在切入领域单一的现象，评价方法和数据来源遭到一些质疑，导致成果影响力不大。

第五节　我国营商环境评价的改进思路

一是完善评价指标体系。把握三项基本原则。第一，国际可比与中国特色相结合，既与世行等国际评价标准相衔接，又努力把握好我国经营主体的实际需要。第二，定性指标与定量指标相结合，能量化的尽可能量化，并明确各项指标的具体含义、评价规则和标准，确保简明易懂、操作性强。第三，客观评价与主观评价相结合，整个评价以运用统计指标等客观评价为主，但也考虑市场经营主体的实际感受和满意度，全面准确反映各地营商环境情况。

二是规范评价实施方式。改进公开信息分析、问卷调查、直接听取市场经营主体意见建议等传统方式。优化信息化系统和问卷系统，更多运用数字化手段实时实现数据采集。严控需地方提供材料的数量，减少对地方和基层正常工作的干扰。需要市场经营主体提供信息的，应充分尊重市场经营主体意愿，不得影响市场经营主体正常生产经营。

三是强化评价结果应用。要按照"谁组织、谁管理，谁发布、谁负责"原则，对评价结果严格把关，不能将评价简单化为对地方进行排名。政府部门组织开展的评价，要及时向参评地方反馈评价详细情况，重点帮助参评地方找准营商环境方面问题和短板，提出有针对性、可操作的改进建议。

执笔人：朱思橙　谢晓波　王宁江

第十二章
新时代中国营商环境评价体系

CHAPTER 12

第一节　指导思想

以习近平新时代中国特色社会主义思想为指导，深入贯彻落实党的二十大和二十届三中全会精神，立足新发展阶段，完整、准确、全面贯彻新发展理念，构建新发展格局，推动高质量发展，以市场经营主体和社会公众满意度为导向，以聚焦激发市场活力和社会创造力为牵引，以符合国情的中国营商环境评价体系和评价机制为抓手，充分发挥营商环境评价对优化营商环境的引领和督促作用，助力建设国际一流营商环境，推动经济社会持续健康发展。

第二节　基本原则

在选取具体指标时，课题组认为要遵循系统性、代表性、可获性、引领性、可比性等五大原则：

一是系统性。指标选取以营商环境的内涵边界为依据，系统反映营商环境全貌，做到领域全覆盖、不遗漏。既要兼顾总量指标、相对指标和平均指标、定性指标、定量指标等，又要照顾到主观指标和客观指标。

二是代表性。在指标选取系统、全面的同时，强调每个指标均具有较强的代表性，使得指标体系适度简洁化。另外，由于指标的重要性存在显著差异，需要有针对性地增加或者减少不同指标的权重。

三是可获性。数据来源权威，采用官方系统采集和一线问卷获取的办法，可即时获取，保证评价的实效性。口径统一易于标准化处理，能够量化表达，最终可按照指标数值进行量化分析。

四是引领性。指标体系聚焦和对标国际一流，力求发挥目标指引和任务牵引的作用。

五是可比性。选用指标要注意指标口径的一致性，保证指标体系不仅能进行地区性横向比较，且可以进行某一时间序列上的纵向比较。同时统筹考虑一级指标和二级指标，以便纵向和横向比较。

第三节　评价体系主要特点

一是融入我国改革创新。创新性提出规制环境和宏观环境两大考核维度，在国际通用指标基础上，融入了中国特色指标，如要素市场化、市场开放、交通物流体系、生活服务体系、综合成本、政商关系、社会治安等，这些指标反映了中国特定的经济社会背景和发展要求。

二是突出数字营商导向。推行营商环境"无感监测"评价模式，鼓励形成线上线下相结合、无感有感相融合的营商环境评价机制。通过信息化技术、实地调研、数据抽查核实等手段，建立健全数据收集采信机制，实现多角度、多层次、全方位地分析，确保评价结果的科学性和可靠性。

三是呼应世行最新理念。考察维度方面，从原先关注营商办事的时间、手续和成本，转为从法律监管框架、公共服务和效率三大维度进行综合评价。具体指标方面，对照世行考察的企业全生命周期十大领域，在地方职权范围内做到了全覆盖。评估理念方面，对世行强调的"数字技术应用""可持续发展"等均予以呼应。

第四节 评价维度的主要内容

本指标体系由规制环境和宏观环境两部分构成，共18项一级指标。规制环境沿用世界银行评价体系（B-Ready），主要围绕企业参与市场活动的全生命周期流程，即开业、经营（或扩张）和关闭（或重组），共10项一级指标，包括：市场准入、获得经营场所、公用事业设施接入、劳动用工、金融服务、国际贸易、纳税、解决商业纠纷、促进市场竞争、办理破产。宏观环境参考《优化营商环境条例》和国家评价，主要指影响一切行业和企业的各种经济、政治、文化、技术因素，共8项一级指标，包括：要素市场化、市场开放、交通物流体系、生活服务体系、综合成本、政商关系、社会治安和宏观经济。

一、市场准入

市场准入指标重点聚焦准入政策、准入服务及准入效率三方面内容。准入政策包括禁止准入措施覆盖率和许可准入措施覆盖率；准入服务包括许可准入网上办理率；准入效率包括办理手续和办理时间。

相关数据可以通过政府监管机构的工作报告、市场准入政策的评估报告、企业问卷和企业登记全程电子化平台等获取。

二、获得经营场所

获得经营场所聚焦获得服务和获得效率两方面内容。获得服务包括第三方审查；获得效率包括办理时间和办理手续。相关数据可以通过工程项目审批系统、各地不动产登记平台、投资在线平台、政务服务网和企业问卷等获取。

三、公用事业设施接入

公用事业设施接入聚焦接入服务和接入效率。接入服务包括设施接入可靠性；接入效率包括办理时间和办理手续。相关数据通过电力营销系统、城市建设综合管理服务系统和企业问卷获取。

四、劳动用工

劳动用工聚焦劳动用工政策、劳动用工服务和执行效率。劳动用工政策包括月最低工资、工作时间和劳动合同；劳动用工服务包括医疗、工伤、失业、生育保险年末参保人数占比，就业服务指导和劳动纠纷解决机制满意度；执行效率包括解决劳动纠纷的时间和成本。相关数据通过政府工作报告和企业问卷获取。

五、金融服务

金融服务聚焦融资服务和融资效率。融资服务包括小微企业融资便利度和制造业融资便利度；融资效率考察贷款时间。相关数据通过金融统计监测信息管理系统和企业问卷等途径获取。

六、国际贸易

国际贸易聚焦贸易效率。贸易效率包括进出口时间和进出口成本。相关数据通过海关系统、海港集团系统和政府工作报告等渠道获取。

七、纳税

纳税聚焦税收服务和税收效率。税收服务考察网上综合办税率；税收效率包括报税后流程指数、总税收和缴费率等内容。相关数据通过税务局和税收征管系统等平台获取。

八、解决商业纠纷

解决商业纠纷聚焦解纷服务和解纷效率。解纷服务包括诉前化解率、程序比；解纷效率包括实际执结率、解决争议的时间、解决争议的成本和初次化解率。相关数据通过法院系统、解纷码和企业问卷获取。

九、促进市场竞争

促进市场竞争聚焦市场公平、产权保护和公众资源交易三块领域。市场公平包括省非国有企业社会固定资产投资占比和个体经济、民营企业就业人数占比；产权保护包括知识产权调解机构占比、本地区人民法院知识产权案件服判息诉率、本地区审判公开的知识产权案件数量占审结知识产权案件数百分比、调解机构达成调解协议数占调解总数百分比和行政处罚案件公开数占结案数百分比；公众资源交易包括招投标信息化程度指数、交易履约保障程度、中小企业中标占比和外地企业权益保护。相关数据通过 EPS 数据库、知识产权在线、政采云系统和公共资源交易平台等获取。

十、办理破产

办理破产聚焦破产服务和程序效率。破产服务包括府院联动工作机制、破产经费多渠道筹措机制和专门的破产审判团队；程序效率包括收回债务所需时间、债权回收率和收回债务所需成本。相关数据通过省级破产智审系统和企业问卷获取。

十一、要素市场化

要素市场化聚焦土地、劳动力、技术、能源、资金和数据。土地包括民营企业获取土地的面积和民营企业获取土地面积占比；劳动力包括青年人才引进数、新增技能人才数和新增人力资源服务机构家数；技术包括每万名就业人员中技术合同交易数和每万名就业人员中技术合同交易额；能源包括市场化用户数占比和市场化交易电量占比；资金考察民营企业获取资金成本；数据考察公共数据集开放率。相关数据通过政府有关部门获得。

十二、市场开放

市场开放聚焦外商投资和制度型开放两个方面。外商投资包括人均实际使用外资额和实际利用外资增长率；制度型开放包括参与制定国际标准和参与制定国际专利。这些指标可以通过政府机构的工作报告等进行评估。

十三、交通物流体系

交通物流体系聚焦陆运、水运和空运。涵盖了公路密度、铁路密度、内河航道港口货物吞吐量和空港货运港口吞吐量等内容。这些指标可以通过政府机构的工作报告和EPS数据库等进行评估。

十四、生活服务体系

生活服务体系聚焦公共服务供给质量和生态环境建设水平。公共服务供给质量包括每千人口拥有3岁以下婴幼儿托位数、各类补贴性职业技能培训人次、每万人拥有公共交通数、每千人口拥有执业（助理）医师数、养老机构护理型床位占比、每万人拥有三级医院数、每万人接受公共文化设施服务次数和人均体育场地面积；生态环境建设水平包括空气质量优良率、省控断面三类及以上水质达标率和建成区绿化覆盖率。相关数据通过EPS数据库、政府部门的工作报告、国家空气质量在线监测联网管理平台和生态环境保护综合协同管理平台等途径获取。

十五、综合成本

综合成本聚焦非居民水价、电价、气价和不动产价格，相关价格数据通过中国水网、电网、燃气公司、统计年鉴和企业问卷等途径获取。

十六、政商关系

政商关系聚焦政府服务、政府支持和政府廉洁。政府服务包括政务服务信息化程度；政府支持包括减免税费总额占财政收入的比重；政府廉洁包括政府廉洁度、政务诚信度、财政透明度。相关数据通过EPS数据库、公共信用信息平台、《中国省市政府电子服务能力指数报告》、《中国政商关系报告》、《中国政府透明度指数报告》等获取。

十七、社会治安

社会治安聚焦法律案件、治安安全和法治建设三个方面。法律案件考察每万人刑事案件数量；治安安全包括每万人警察配备比和道路交通万车事故死亡率；法治建设包括每万人拥有的司法服务站（所）和律师万人比。相关数据通过政府工作报告、中国裁判文书网等途径获取。

十八、宏观经济

宏观经济囊括了GDP、财政收入、企业盈利水平、就业水平、收入水平、投资情况、进出口情况、经济质量、人口流动及民营经营主体等内容。相关数据通过政府工作报告、EPS数据库、统计年鉴等途径获取。

以上指标体系评估内容和数据来源详见表1。

表 1 新时代中国营商环境评价体系

序号	一级指标	二级指标	三级指标	评估内容	数据来源	备注
1	市场准入	准入政策	禁止准入措施覆盖率	禁止准入措施覆盖率＝该地区审批权限的政务服务事项中覆盖的清单禁止措施数量／清单禁止措施全部数量，单位为%	政府市场监管部门	
			许可准入措施覆盖率	许可准入措施覆盖率＝该地区审批权限的政务服务事项内清单许可类事项措施数量／该地区审批权限的市场准入负面清单全部许可类事项的措施数量，单位为%	政府市场监管部门	
		准入服务	许可准入网上办理率	许可准入网上办理率＝该地区审批权限的市场准入负面清单许可类事项可实现网上审批数量／该地区审批权限的市场准入负面清单全部许可类事项的措施数量，单位为%	政府市场监管部门	规制环境
		准入效率	办理手续	按照法律法规制度政策要求或无明确要求而有惯例可参照的情况下，企业家或其委托人、代办人为完成开办企业各事项，与有关部门形成的任何交互	企业登记全程电子化平台	
			办理时间	主要包含创业人员为完成上述手续所花费的时间，以日历日计算	企业登记全程电子化平台	
2	获得经营场所	获得服务	第三方审查	消防设计审核、人防设计审查、施工图文件设计审查、环境影响评价、节能评价等第三方审查或评估服务的满意度	问卷、工程项目审批系统	规制环境

续表

序号	一级指标	二级指标	三级指标	评估内容	数据来源	备注
2	获得经营场所	获得效率	办理时间	主要包含企业为完成手续所花费的时间，以日历日计算	各地不动产登记平台、投资在线服务平台、政务服务网	规制环境
			办理手续	建设单位、设计单位、施工单位等工程建设领域企业或其委托人、代办人与外部当事人之间的任何交互，外部当事人包括政府机构、公用设施公司、公共检查人员，以及聘请的外部监理专家。买方、卖方或其委托人、代办人提出单一案件办理申请后，与外部当事人之间的任何交互，外部当事人包括政府机构、检查人员、公证人员、建筑师、测量师等	各地不动产登记平台、投资在线服务平台、政务服务网	
3	公用事业设施接入	接入服务	设施接入可靠性	根据供配电（水、气）企业用户系统停电（水、气）时间和停电频率，结合互联网公平网公开等财务遏制措施等开展综合评价，反映用户供电（水、气）的可靠性和稳定性	问卷、电力营销系统、城市建设综合管理服务系统	
		接入效率	办理时间	主要包含企业为完成手续所花费的时间，以日历日计算	电力营销系统、城市建设综合管理系统	规制环境
			办理手续	企业或其委托人、代办人与政府部门，电力公司之间的任何交互；企业或其委托人、代办人与政府部门，自来水公司之间的任何交互；企业或其委托人、代办人与政府部门，燃气公司之间的任何交互	—	

续表

序号	一级指标	二级指标	三级指标	评估内容	数据来源	备注
4	劳动用工	劳动用工政策	月最低工资	企业全勤正式员工的最低工资	问卷	
			工作时间	第一项标准涉及每周工作一个"边际"时数（低于10小时）的人员数量；第二项标准超过"正常"工作的人员数量，即每周周时数涉及那些工作"超量"；第三项标准是对人均年工作时间的估计数	问卷	
			劳动合同	员工自入职到签订劳动合同的时间；正式员工解除劳动合同提前的天数	问卷	
			医疗、工伤、失业、生育保险年未参保人数占比	医疗、工伤、失业、生育保险年未参保人数=医疗、工伤、失业、生育保险年未参保人数／总就业人数	政府人社部门	规制环境
		劳动用工服务	就业服务指导	政府提供的免费就业服务指导	问卷	
		执行效率	劳动纠纷解决机制满意度	—	问卷、法院、政府司法部门	
			解决劳动纠纷的时间	从劳动纠纷产生的那一刻起，到通过协议、法院判决或其他方式解决，通常需要的天数	问卷、法院、政府司法部门	
			解决劳动纠纷的成本	从劳动纠纷产生的那一刻起，到通过协议、法院判决或其他方式解决，通常花费的成本	问卷、法院、政府司法部门	

续表

序号	一级指标	二级指标	三级指标	评估内容	数据来源	备注
5	金融服务	融资服务	小微企业融资便利度	小微贷款余额、小微贷款余额增速、小微贷款增速与各项贷款增速差、小微企业贷款占各项贷款的比重	金融统计监测信息管理系统	规制环境
			制造业融资便利度	制造业中长期贷款余额、制造业中长期贷款余额增速、制造业中长期贷款增速与各项贷款增速差	金融统计监测信息管理系统	
		融资效率	贷款时间	主要包含企业为完成贷款所花费的时间，以日历日计算	问卷	
6	国际贸易	贸易效率	进出口时间	包括货物进出口通关时、获得、准备、处理、呈阅及提交单证、及进箱时间、THC船时效率等	政府海关部门	规制环境
			进出口成本	进口合规成本＝出口商在指定地点货交进口商后由进口商承担的所有与进口有关的费用（包括报关、货运代理费用、运抵口岸卸货费用和由进口商承担进口商仓库的国内运费，但不包括进口关税和代征税）出口合规成本＝由出口商承担的货交国际运输工具承运人前的所有费用（包括国内运输费用、运抵出口口岸后的货物装卸费用、报关费用、开设信用证的费用和国际运输运费用，但不包括国际运输运费用和国际运输段购买的保险费用）	政府海关部门	
7	纳税	税收服务	网上综合办税率	纳税人通过电子税务局、自助办税终端等渠道办理的业务量占全部业务总量的比重	政府税务部门、税收征管系统	规制环境

续表

序号	一级指标	二级指标	三级指标	评估内容	数据来源	备注
7	纳税	税收效率	报税后流程指数	增值税留抵退税时间	政府税务部门、税收征管系统	规制环境
			总税收和缴费率	总税收和缴费率按占商业利润总额百分比计算。企业所负担的总税额，为允许抵扣和减免以后的所有应缴款的总和。主要涵盖企业所得税、雇主缴纳的社保、公积金、增值税等	政府税务部门、税收征管系统	税
8	解决商业纠纷	解纷服务	诉前化解率	合同纠纷诉前化解率	各地法院	
			程序比	程序比 = (买卖合同纠纷一审+二审+再审+再审审查+再审+执行案件收案数) / 买卖合同纠纷一审收案总数	各地法院	
			实际执结率	实际执结率 = 买卖合同纠纷法定期限内执结案件数 / (买卖合同纠纷实际结案件数+超6个月未结案件数)	各地法院	
			解决争议的时间	从立案到执行完毕时间，以天为单位计算（自然日）。解决争议的时间 = (审判结案时间节点 - 审判立案时间节点) + (执行结案时间节点 - 执行立案时间节点)	各地法院	
			解决争议的成本	从立案到案执行完毕承担的费用	各地法院	规制环境
		解纷效率	初次化解率	初次化解率 = 初件未转化的诉求类营商环境事项/诉求类营商环境事项总数。其中，初件是第一次反映的事项，转件是同一事件多次反映事项，诉求类包含申诉、求决、揭发控告及其他事项	各地法院	

续表

序号	一级指标	二级指标	三级指标	评估内容	数据来源	备注
9	促进市场竞争	市场公平	省非国有企业社会固定资产投资占比	省非国有企业社会固定资产投资占比＝非国有企业社会固定资产投资／全社会固定资产投资	EPS数据库	
			个体经济、民营企业就业人数占比	个体经济、民营企业就业人数占比＝个体经济、民营企业就业人数总和／总就业人数	EPS数据库	
			知识产权调解机构占比	知识产权调解机构数占比＝知识产权调解机构数／当地市场经营主体数量	知识产权在线、各地法院	规制环境
		产权保护	本地区人民法院知识产权案件服判息诉率	—	—	
			本地区审判公开的知识产权案件数量占审结知识产权案件数百分比	—	—	
			调解机构达成调解协议数占调解总数百分比	—	—	

续表

序号	一级指标	二级指标	三级指标	评估内容	数据来源	备注
9	促进市场竞争	产权保护	行政处罚案件公开数占结案数百分比	—	—	
			招投标信息化程度指数	（1）交易数据完整率＝当月电子化交易环节数／当月全流程交易环节总数（2）统一招标投标系统应用率	各地公共资源交易平台	规制环境
		公共资源交易	交易履约保障程度	交易履约保障程度＝各项目履约保证金比例之和／项目数，或有预付款项目的预付款比例之和／有预付款项目数	各地公共资源交易平台	
			中小企业中标占比	中小企业中标占比＝中小企业中标（成交）项目合同金额／中标（成交）项目合同金额	各地公共资源交易平台	
			外地企业权益保护	外地企业中标比例	各地公共资源交易平台	
10	办理破产	破产服务	府院联动工作机制	是否建立府院联动工作机制	问卷	规制环境
			破产经费多渠道筹措机制	是否建立破产经费多渠道筹措机制	问卷	
			破产审判团队	是否建立专门的破产审判团队	问卷	

续表

序号	一级指标	二级指标	三级指标	评估内容	数据来源	备注
10	办理破产	程序效率	收回债务所需时间	从破产立案到财产首次分配时间，以年为单位计算。具体为：收回债务所需时间＝财产首次分配时间节点－破产立案时间节点	破产智审系统	规制环境
			债权回收率	按照国际会计准则，考虑主要动产净现值折旧后的回收率。具体为：债权回收率＝(70－成本－25×20%×破产时间)／[(1＋贷款利率)×破产时间]	破产智审系统	
			收回债务所需成本	从立案到案执行完毕时间，以天为单位计算（自然日）。具体为：收回债务所需成本＝(破产成本＋共益债务)／债务人资产变现总额	破产智审系统	
11	要素市场化	土地	民营企业获取土地的面积	—	政府建设部门	宏观环境
			民营企业获取土地面积占比	—	政府建设部门	
		劳动力	青年人才引进数	—	政府人社部门	
			新增技能人才数	—	政府人社部门	
			新增人力资源服务机构家数	—	政府人社部门	

续表

序号	一级指标	二级指标	三级指标	评估内容	数据来源	备注
11	要素市场化	技术	每万名就业人员中技术合同交易数	—	政府人社、科技部门	
		技术	每万名就业人员中技术合同交易额	—	政府人社、科技部门	
		能源	市场化用户数占比	市场化用户数占比=批发、零售用户数量/全体工商业用户数量×100%	政府能源部门	宏观环境
		能源	市场化交易电量占比	市场化交易电量占比=批发、零售用户电量/全体工商业用户电量×100%	政府能源部门	
		资金	民营企业获取资金成本	民营企业获取资金的成本与国有企业获取资金的成本之差（平均利率差）	问卷	
		数据	公共数据集开放率	—	政府大数据部门	
12	市场开放	外商投资	人均实际使用外资额	人均实际使用外资额=实际使用外资额/年平均常住人口	政府商务、统计部门	宏观环境
		外商投资	实际利用外资增长率	—	政府商务、统计部门	

续表

序号	一级指标	二级指标	三级指标	评估内容	数据来源	备注
12	市场开放	制度型开放	参与制定国际标准	参与制定国际标准个数	政府统计部门	宏观环境
			参与制定国际专利	参与制定国际专利个数	政府市场监管部门	
13	交通物流体系	陆运	公路密度	每百平方公里或每万人所拥有的公路总里程数	政府交通部门	
			铁路密度	每百平方公里或每万人所拥有的铁路总里程数	政府交通部门	
		水运	内河航道港口货物吞吐量	整体吞吐量＝进口量＋出口量	政府交通部门	宏观环境
		空运	空港货运港口吞吐量	整体吞吐量＝进口量＋出口量	政府交通部门	
14	生活服务服务体系	公共服务供给质量	每千人口拥有3岁以下婴幼儿托位数	—	政府统计部门	
			各类补贴性职业技能培训人次	—	政府统计部门	宏观环境
			每万人拥有公共交通数	每万人拥有公共交通车辆数（标台）＝公共交通车辆数（标台）／城市总人口（万人），此处公共交通指代公交、地铁	政府统计部门	

续表

序号	一级指标	二级指标	三级指标	评估内容	数据来源	备注
14	生活服务体系	公共服务供给质量	每千人口拥有执业（助理）医师数	—	政府统计部门	
			养老机构护理型床位占比	—	政府统计部门	
			每万人拥有三级医院数	每万人口三级医院数＝三级医院数／人口数	政府统计部门	
			每万人接受公共文化设施服务次数	—	政府统计部门	
			人均体育场地面积	—	政府统计部门	
		生态环境建设水平	空气质量优良率	—	生态环境保护综合协同管理平台，国家空气质量在线监测联网管理平台	宏观环境
			省控断面三类及以上水质达标率	—	—	

续表

序号	一级指标	二级指标	三级指标	评估内容	数据来源	备注
14	生活服务体系	生态环境建设水平	建成区绿化覆盖率	—	—	宏观环境
15	综合成本	水价	非居民城镇供水终端销售价	非居民用水主要指工业、经营服务用水和行政事业单位用水、市政用水（环卫、绿化）、生态用水、消防用水等	中国水网	
		电价	工商业用户电价	工商业用电按照电量分档收费，参考标杆电价	电网	宏观环境
		气价	非居民管道天然气终端销售价	非居民管道天然气终端按照分档收费，按照最低档计分	燃气公司	
		不动产价格	非住宅不动产均价	—	统计年鉴	
16	政商关系	政府服务	政务服务信息化程度	—	《中国省市政府电子服务能力指数报告》、问卷	
		政府支持	减免税费总额占财政收入的比重	—	政府税务部门	宏观环境
		政府廉洁	政府廉洁度	—	中央、省、市纪检委官方网站、《中国政商关系报告》	

续表

序号	一级指标	二级指标	三级指标	评估内容	数据来源	备注
16	政商关系	政府廉洁	政务诚信度	—	公共信用信息平台	宏观环境
			财政透明度	—	《中国政府透明度指数报告》	
17	社会治安	法律案件	每万人刑事案件数量	—	中国裁判文书网	
		治安安全	每万人警察配备比	—	政府公安部门	宏观环境
			道路交通万车事故死亡率	—	政府公安、交通部门	
		法治建设	每万人拥有的司法服务站（所）	每万人拥有的司法服务站（所）=司法服务站（所）数/年平均常住人口	政府司法部门	
			律师万人比	—	政府司法部门	
18	宏观经济	GDP	GDP总量	—	统计年鉴	宏观环境
			人均GDP	—	统计年鉴	
		财政收入	一般预算收入增速	—	统计年鉴	

续表

序号	一级指标	二级指标	三级指标	评估内容	数据来源	备注
18		企业盈利水平	规上企业利润增速	—	统计年鉴	
		就业水平	调查失业率	—	统计年鉴	
			青年人调查失业率	不包括在校学生的16—24岁劳动力失业率 不包括在校学生的25—29岁劳动力失业率	统计年鉴	
		收入水平	居民人均可支配收入	—	统计年鉴	
	宏观经济	投资情况	民营投资增速	—	统计年鉴	宏观环境
			民营投资额占比	—	统计年鉴	
		进出口情况	数字贸易总量	—	政府海关部门	
			数字贸易增长率	—	政府海关部门	
		经济质量	R&D经费支出占GDP比重	用于研究与试验发展（R&D）活动的经费占GDP的比重。研究与试验发展（R&D）活动包括基础研究、应用研究、试验发展三类。计算公式：R&D经费支出占GDP比重＝R&D经费支出／GDP×100%	政府统计部门	

序号	一级指标	二级指标	三级指标	评估内容	数据来源	备注
18	宏观经济	经济质量	民营经济增加值占GDP比重	民营经济增加值占GDP比重＝民营经济增加值／GDP×100%	政府统计部门	宏观环境
		人口流动	人口净流入率	—	统计年鉴	
		民营经营主体	民营经营主体新增量	—	统计年鉴	
			民营经营主体数量占经营主体数量比	—	统计年鉴	

第五节　数据转译和数据计算

一、数据转译

（一）办理手续

应按式（1）计算，单位为次：

$$N_{han} = \sum (n_{win} + n_{sys} + n_{cod}) \quad (1)$$

其中：

N_{han}——办理手续个数；

n_{win}——窗口办理次数；

n_{sys}——系统登录次数；

n_{cod}——服务码应用次数。

若前往服务大厅，每在一个窗口办理，视为一个手续；若在网上办理，每登录一次系统算一个手续；场外业务办理时经办人与政府机构或第三方交互一次算一个手续；并联办理情况下，办理手续数按实际计算。

（二）办理时间

应采用日历日，按式（2）计算，单位为天：

若网上办理，完成每个完整手续最短时间计为0.5天，不足4小时的按0.5天算，超过部分每4小时计为0.5天；

若线下办理（服务大厅办理），完成每个完整手续最短计为1天，不足8小时的按1天算，超过部分每4小时计为0.5天。

$$T = \sum t_{lin} \quad （2）$$

其中：

T ——办理时间；

t_{lin}——监测环节办理时间。

环节办理时间 = 结束时间–开始时间。若存在监测环节并联办理，则以（最晚时间–最早时间）计为办理时间。

（三）办理成本

应按式（3）计算，单位为元（人民币）：

$$Cost = \sum cost_{act} \quad （3）$$

其中：

Cost ——办理成本；

$cost_{act}$——市场主体（个人）实际承担的税费。

环节成本 = 环节开始时间到环节结束时间所需的成本。

（四）并联办理

并联办理手续间没有前后置关系，办理手续与办理成本应按照手续数累加，办理时间以其中最长手续时间计算。并联认定：

线下服务大厅办理时，企业从一个窗口办完，无需等待，可立即前往另一个窗口，每次去一个窗口算不同手续，手续之间应按并联办理；

网上办理时，企业无需等待，可连续登录不同系统办理，每次登录不同系统算不同手续，手续之间应按并联办理。

企业因非业务需要登录系统或到窗口查询信息不应确认为办理手续。

二、数据计算

（一）数据归一化

应对数据归一化处理，消除指标之间的量纲影响，以解决数据指标之间的可比性。

知识产权、生活服务体系、市场开放等指标中的统计类数据，将原始数据除以当地常住人口数，弱化常住人口差异的影响。

办理破产中的成本数据等，将原始数据除以案件资产价值，以确保同质可比。

（二）指标计算

应采用前沿距离法，将数据分为正向数据和负向数据，分别按式（4）和式（5）计算：

$$DTF_+ = \begin{cases} 100, & \text{if}(d > f) \\ (w - d)/(w - f) \cdot 100, & \text{if}(w < d < f) \\ 0, & \text{if}(d < w) \end{cases} \quad (4)$$

$$DTF_- = \begin{cases} 100, & \text{if}(d < f) \\ (w - d)/(w - f) \cdot 100, & \text{if}(f < d < w) \\ 0, & \text{if}(d > w) \end{cases} \quad (5)$$

其中：

DTF_+——正向前沿距离值；

DTF_-——负向前沿距离值；

w——该指标的最差值；

d——评价对象实际值；

f ——该指标的最优值。

（三）赋分

根据各项二级指标下前沿距离值和线上线下权重，按照式（6）加权计算，得到各项二级指标分数。线上线下采用等权重。

根据各项一级指标下二级指标得分和权重，按照式（7）加权计算，得到18项一级指标的分数。各二级指标采用差异化权重。

根据一级指标分数和权重，加合计算得到各地营商环境分数。各一级指标采用等权重。

$$X_i = DTF_A \cdot y_A + DTF_B \cdot y_B \qquad (6)$$

其中：

X_i——二级指标分数；

y_A——线上数据权重；

y_B——线下数据权重。

$$X_i = \sum (x_1 y_1 + x_2 y_2 + \cdots + x_n y_n) \qquad (7)$$

其中：

X_i——一级指标分数；

y_i——二级指标权重。

执笔人：朱思橙　王宁江　冯锐

参考文献

BIBLIOGRAPHY

〔1〕 Ansell C., Gash A. Collaborative Governance in Theory and Practice 〔J〕. Journal of Public Administration Research and Theory, 2008, 18（04）: 543–571.

〔2〕 Brown R., Mason C. Inside the High–tech Black Box: A Critique of Technology Entrepreneurship Policy 〔J〕. Technovation, 2014, 34（12）: 773–784.

〔3〕 Cohen B. Sustainable Valley Entrepreneurial Ecosystems 〔J〕. Business Strategy and the Environment, 2006, 15（01）: 1–14.

〔4〕 Dunn K. The Entrepreneurship Ecosystem 〔J〕. MIT Technology Review, 2005.

〔5〕 Emerson K., Nabatchi T. Evaluating the Productivity of Collaborative Governance Regimes 〔J〕. Public Performance and Management Review. 2015, 38（04）: 717–747.

〔6〕 Emerson K., Nabatchi T, Balogh S. An Integrative Framework for Collaborative Governance 〔J〕. Journal of Public Administration Research and Theory, 2012, 22（01）: 1–29.

〔7〕 Glodowska A. Business Environment and Economic Growth in the European Union Countries: What Can Be Explained for the Convergence? 〔J〕. Entrepreneurial Business & Economics Review, 2017, 5（04）: 189–204.

〔8〕 Isenberg D. J. The Entrepreneurship Ecosystem Strategy as a New Paradigm for Economic Policy: Principles for Cultivating Entrepreneurship 〔J〕. Presentation at the Institute of International and European Affairs, 2011.

〔9〕 Kshetri N. The Indian Environment for Entrepreneurship and Small Business Development 〔J〕. Journal Studia Universitatis Babes–bolyai Negotia, 2011: 18.

［10］Koebele E. A. Cross-Coalition Coordination in Collaborative Environmental Governance Processes ［J］. Policy Studies Journal, 2020, 48（03）: 727-753.

［11］Vogel P. The Employment Outlook for Youth: Building Entrepreneurship Ecosystems as a Way Forward ［J］. Social Science Electronic Publishing, 2013.

［12］William P. B. Competitiveness and the Urban Economy: Twenty-four Large Us Meteropolian Areas ［J］. Economic Geogeaphy, 2003, 36（06）: 259-292.

［13］Yiu FungKa, Wing ChowKong. Knowledge and Urban Economic Development: An Evolutionar Perspective ［J］. Urban Studies, 2011, 39（05）: 1019-1035.

［14］陈伟伟，张琦. 系统优化我国区域营商环境的逻辑框架和思路 ［J］. 改革，2019（05）: 70-79.

［15］崔鑫生. "一带一路"沿线国家营商环境对经济发展的影响——基于世界银行营商环境指标体系的分析 ［J］. 北京工商大学学报（社会科学版），2020，35（03）: 37-48.

［16］戴维·奥斯本. 改革政府 ［M］. 上海：上海译文出版社，2013.

［17］董志强，魏下海，汤灿晴. 制度软环境与经济发展——基于30个大城市营商环境的经验研究 ［J］. 管理世界，2012（04）.

［18］冯锐，朱思橙，刘淑颖. 范式局限与数字赋能：营商环境"无感监测"改革的逻辑进路——以浙江的实践为例 ［J］. 浙江经济，2023（03）: 26-28.

［19］韩淑华. 构建营商环境新格局的法治化实践、问题及路径 ［J］. 中国司法，2021（04）: 47-50.

［20］韩业斌，谢晓宣. 我国法治化营商环境的区域差异与协调机制 ［J］. 长春理工大学学报（社会科学版），2020，33（01）: 48-53.

［21］后向东. 论营商环境中政务公开的地位和作用 ［J］. 中国行政管理，2019（02）: 17-22.

［22］胡税根，冯锐，杨竞楠. 不平衡与协同优化：我国区域营商环境研究 ［J］. 行政论坛，2022，28（01）: 58-66. DOI: 10.16637/j. cnki. 23-1360/d.2022.01.015.

［23］胡税根，结宇龙，陈伊伦.行政审批制度改革的路径选择——基于30个省会及以上城市的定性比较分析［J］.经济社会体制比较，2022（02）：112-122.

［24］李先军，罗仲伟.新时代中国营商环境优化："十三五"回顾与"十四五"展望［J］.改革，2020（08）：46-57.

［25］摩尔.捕食者与猎物：竞争的新生态［J］.哈佛商业评论，1993.

［26］钱锦宇，刘学涛.营商环境优化和高质量发展视角下的政府机构改革：功能定位及路径分析［J］.西北大学学报（哲学社会科学版），2019，49（03）：86-93.

［27］钱玉文.我国法治化营商环境构建路径探析——以江苏省经验为研究样本［J］.上海财经大学学报，2020，22（03）：138-152.

［28］唐磊磊.大连市中小企业营商环境分析［D］.大连：东北财经大学，应用经济学，2012.

［29］汪琼，李栋栋，王克敏.营商"硬环境"与公司现金持有：基于市场竞争和投资机会的研究［J］.会计研究，2020（04）：88-99.

［30］王鹤，邵雅丽.深化行政审批改革背景下的营商环境优化研究［J］.长春理工大学学报，2017，30（02）：45-50.

［31］王小鲁，樊纲，胡李鹏.中国分省份市场化指数报告（2021）［M］.北京：社会科学文献出版社，2022.

［32］翁列恩，齐胤植，李浩.我国法治化营商环境建设的问题与优化路径［J］.中共天津市委党校学报，2021，23（01）：72-78.

［33］伍耀辉.构建服务型政府视域下的电子政务研究［D］.华中师范大学，2014：16.

［34］谢红星.营商法治环境评价的中国思路与体系——基于法治化视角［J］.湖北社会科学，2019（03）：138-147.

［35］杨涛.营商环境评价指标体系构建研究——基于鲁苏浙粤四省的比较分析［J］.商业经济研究，2015（05）.

［36］张威.我国营商环境存在的问题及优化建议［J］.理论学刊，2017（05）：60-72.

［37］张占斌."十四五"期间优化营商环境的重要意义与重点任务［J］.行政管理改革，2020（12）：4-10.

［38］郑国楠，刘诚.营商环境与资源配置效率［J］.财经问题研究，2021（02）：3-12.

［39］刘渊，李旋.挖掘公共数据要素价值　助力营商环境优化提升［N］.光明日报，2024-01-22.

［40］徐嫣，宋世明.协同治理理论在中国的具体适用研究［J］.天津社会科学，2016（02）：74-78.

［41］迈克尔·波特.竞争战略［M］.陈晓悦，译.北京：华夏出版社，1997.

［42］胡税根，冯锐，杨竞楠.优化营商环境培育和激发市场主体活力［J］.中国行政管理，2021（08）.